金牌销售
赢得客户心理的八大关键

苗小刚 ◎ 著

中国纺织出版社有限公司 | 国家一级出版社
全国百佳图书出版单位

内 容 提 要

本书共 8 大章，以客户在整个购买过程中常有的心理为切入点，围绕销售工作的 8 个主要阶段来写。分别为预约客户阶段、拜访客户阶段、与客户深入沟通阶段、介绍产品阶段、化解客户购买异议阶段、产品推销（促销）阶段、达成协议付款阶段、售后服务提供阶段。全书将销售知识与心理学定律、效应及常识进行结合，先对心理学现象或效应进行概述，然后再结合销售实践深入分析，最后总结出切实可行的方法。以帮助销售人员在把握客户心理的基础上，满足客户心理需求，达成销售目的。

图书在版编目（CIP）数据

金牌销售赢得客户心理的八大关键 / 苗小刚著 . -- 北京：中国纺织出版社有限公司，2020.5
ISBN 978-7-5180-7162-3

Ⅰ . ①金… Ⅱ . ①苗… Ⅲ . ①销售—商业心理学 -- 通俗读物 Ⅳ . ① F713.55-49

中国版本图书馆 CIP 数据核字（2020）第 027831 号

策划编辑：陈 芳　　责任校对：楼旭红　　责任印制：储志伟

中国纺织出版社有限公司出版发行
地址：北京市朝阳区百子湾东里 A407 号楼　邮政编码：100124
销售电话：010 — 67004422　传真：010 — 87155801
http://www.c-textilep.com
中国纺织出版社天猫旗舰店
官方微博 http://weibo.com/2119887771
天津千鹤文化传播有限公司印刷　各地新华书店经销
2020 年 5 月第 1 版第 1 次印刷
开本：710×1000　1/16　印张：13.5
字数：196 千字　　定价：45.00 元

凡购本书，如有缺页、倒页、脱页，由本社图书营销中心调换

前言

成功学家、演说家、激励大师博恩·崔西曾说,"销售的最高境界不是把产品推出去,而是把客户引进来,所谓'引'进来,就是让客户主动购买"。要想达到把客户引进来的目的,就需要把握客户心理,激发其潜在的购买兴趣与欲望。

在成交过程中,客户会产生一系列复杂、微妙的心理活动,包括对商品价格的异议、产品质量的评价及如何成交、如何付款、是否有支付条件等。客户心理对最终能否成交有着重要的影响,心理往往会促使他们做出相应的行为。因此,作为金牌销售人员就需要懂得客户的心理变化,并予以高度重视。

销售的过程,归根结底就是人与人心理之间相互揣摩和较量的过程。在这个过程中,销售人员需要了解客户的各种心理,并分析客户的心理变化及其规律,从而根据这些变化和规律展开有针对性的推销。倘若销售人员无法把握这些变化及其规律,必然无法做到与客户进行有效沟通,或经常处于被动地位,自然也很难将产品推销出去。

本书介绍了客户在购买过程中的心理状态,这些心理变化有什么特征、规律,以及如何判断和把握。目的是采取有效措施、正确方法去迎合客户内心,满足客户需求,达成销售。

全书分为八大章,围绕销售工作的八个主要阶段,即预约客户、拜访客户、取得客户信任和认可、介绍产品、与客户深入沟通、产品推销(促销)、达成协议付款、售后服务提供阶段,以及每个阶段中客户的心理变化来展开,帮助销售人员轻松抓住客户心理特征、心理变化规律,采取有针对性的应对措施。

全书糅合了多种心理学定律、效应及常识性知识，结合推销实践中的一些表现进行分析，并辅以示例加以论证，总结出切实可行的方法，全书内容力求逻辑严谨，论据充分，可读性强，以期适合一线销售人员，及销售管理岗位人士阅读。

苗小刚

2019 年 8 月

目录

第 1 章　迎合客户心理做开场，成功实现 100% 预约 1

  1.1　首因效应：首次通话/会面就要让客户记住你 2

  1.2　态度效应：积极的态度最易引发与客户的共鸣 7

  1.3　自己人效应：展示与客户相同的经历、价值观 11

  1.4　名人效应：借助有影响力的人抬高自己的身价 14

  1.5　幽默效应：营造有趣的氛围，让谈话更轻松 16

  1.6　中间人作用：巧妙提及第三方，让沟通更通畅 18

  1.7　奥卡姆剃刀定律：抓住谈话核心，越简单越好 22

  1.8　重复定律：关键信息不妨多说几遍 25

第 2 章　看懂客户心里小秘密，让沟通化被动为主动 29

  2.1　角色效应：以最专业的形象让客户折服 30

  2.2　情绪效应：以正面的情绪影响客户 34

  2.3　被尊重心理：及时表达对客户尊重之情 37

  2.4　变色龙效应：与客户保持言行上的一致 40

  2.5　暗示效应：给客户以积极的暗示 43

  2.6　海格力斯效应：对客户的拒绝要善于引导 45

2.7 化整为零：将客户的负面认知降到最小 …………… 49

2.8 肯定理论：引导客户做出肯定答复 …………………… 52

2.9 竞争优势效应：避免与客户发生直接冲突 ………… 55

第3章 化解客户种种购买疑虑，激发客户潜在需求 ………… 58

3.1 喜好效应：抓住客户兴趣点，找到共同话题 ……… 59

3.2 好奇心效应：利用好奇心抓住客户的购买欲望 …… 61

3.3 预期效应：给客户以符合预期的积极期待 ………… 65

3.4 赞美心理：找到客户的优势和特长进行赞美 ……… 69

3.5 前景理论：向客户描绘产品带来的美好愿景 ……… 72

3.6 登门槛效应：因势利导，由小到大提要求 ………… 75

3.7 锐角成交法：把客户的反对理由转化为购买意见 …………………………………………………………… 78

3.8 反问法：从问题中判断客户的心理需求 …………… 80

第4章 根据客户心理介绍产品，辅助客户做出判断 ………… 85

4.1 重要性原则：直接陈述产品的利益 ………………… 86

4.2 瓦拉赫效应：提炼产品的主要卖点 ………………… 89

4.3 权威效应：积极打造产品的"威信" ………………… 92

4.4 占便宜心理：多设置"免费试用品" ………………… 94

4.5 标签效应：赋予产品以特定的标签 ………………… 96

4.6 感官协同定律：鼓励客户全方位体验 ……………… 98

4.7　配套效应：配套产品总比单件产品好卖 …… 100

4.8　贝勃定律：要由大到小逐步报价 …… 103

4.9　相关定律：从关心客户的其他事情入手 …… 106

4.10　自我暴露定律：适度暴露产品缺点并不是坏事 …… 109

4.11　多听少说，注意倾听 …… 113

第5章　玩一场心理博弈战，促使客户拍板购买 …… 117

5.1　对比心理：通过对比让客户看到差距所在 …… 118

5.2　逆反心理：用激将法促使客户尽快购买 …… 123

5.3　互惠定律：小恩小惠让客户产生回报之心 …… 127

5.4　善于示弱：以退为进，降低客户的攻击性 …… 128

5.5　换位思考：善于站在客户角度看待问题 …… 132

5.6　鼓励效应：多鼓励、多引导客户说"是" …… 135

5.7　压力定律：有时可适当给客户施加压力 …… 138

5.8　幸福递减定律：用些小伎俩让折扣显得来之不易 …… 141

5.9　刻板效应：改变客户对产品的"固有"印象 …… 145

5.10　蝴蝶效应：处理好每一个细节 …… 148

第6章　一句话说到客户心坎里，制造"抢购"假象 …… 151

6.1　从众效应：制造购买假象，渲染气氛 …… 152

6.2　等待效应：设置悬念，等待客户主动前来 …… 154

6.3 环境影响：布置环境，让客户宾至如归 …………… 157

6.4 刚柔并济：陷入僵局时给客户道个歉 …………… 160

6.5 限量法则：限制数量，产品的价值倍增 …………… 163

6.6 限时法则：限定期限，让客户产生紧迫感 …………… 167

6.7 最后效应：保留最能吸引客户的产品优势到最后 …………… 169

第7章 引导客户成功签单，促使马上付款 …………… 173

7.1 心理防御机制：找到客户拒绝的真正理由 …………… 174

7.2 布里丹毛驴效应，制订购买方案，增强客户购买信心 …………… 176

7.3 馈赠效应：利用小礼物，让客户产生回报之心 …………… 179

7.4 二选一法则：圈定答案引导客户做出选择 …………… 182

7.5 踢猫效应：避免因心情不好与客户发生争吵 …………… 184

第8章 培养客户忠诚度，让客户变粉丝 …………… 188

8.1 情感效应：有了感情，客户变粉丝 …………… 189

8.2 习惯效应：培养用户良好的消费习惯 …………… 192

8.3 反馈效应：积极回访，提升客户满意度 …………… 194

8.4 换位思考定律：站在客户角度解决问题 …………… 199

8.5 正外部效应：利用售后服务强化客户忠诚 …………… 202

8.6 沸腾效应：多做一点，用额外服务锁住客户 …………… 205

第1章

迎合客户心理做开场,成功实现 100% 预约

> 俗话说,"好的开始是成功的一半"。好的开场白对于整个销售过程有非常大的促进作用,比如,建立良好的第一印象、激发客户对企业、产品,以及销售人员产生兴趣和信任等。金牌销售人员往往都善于做开场白,他们一开口往往就赢得了主动。而一个精彩的开场白的重要前提就是抓住客户心理,将话说到他们心里去。

1.1　首因效应：首次通话／会面就要让客户记住你

心理学知识索引

有心理学家研究发现，在人与人的第一次交往中，一个人的着装、态度、言行以及其他一举一动，会在对方头脑中形成一个刻板印象。而且这个印象一旦形成则很难改变，甚至会主导其日后对你的认知。这种效应又称为首次效应、优先效应或第一印象效应。

康拉德·柴卡里阿斯·洛伦茨，奥地利自然学家，动物习性学的创始人，他在长期的实践中发现：刚出壳的幼鹅会非常依赖它们第一眼看到的动物（尽管那不是它的妈妈），如果长期在一起，还会将其视为妈妈，直到长大。由此，洛伦茨得出结论，幼鹅不仅会对自己出生时所看到的动物产生深深的依赖，而且这种依赖一旦形成就会坚持到底，这个现象被洛伦茨叫做"首因效应"，或"印记效应""第一印象效应"等。

销售中，销售人员给客户留下的第一印象往往是发生在首次通话／会面时。然而，大多数销售人员与客户初次通话／会面的情形却非常糟糕，往往刚开口就被回绝。有的客户回绝得比较礼貌，有的则简单粗暴，丝毫没有回旋余地。其实，无论哪种回绝都意味着你很难再走进客户的内心。

案例

某培训公司项目推广人员小艳，负责向各大企、事业单位高管推销培训课程，我们来看看她与客户的首次通话。

小艳："早上好，我是××公司的小艳，请问您是××公司的张经理吗？"

客户："我是，请问您是哪位？"

小艳："我是××公司的小艳，我们是一家专门从事高端人才IT培训的机构，请问张经理现在讲电话方便吗？"

客户："还好，有一点点忙。您有什么事情？"

第1章
迎合客户心理做开场，成功实现100%预约

小艳："是这样的，张经理，我们公司最近推出了一项针对新客户的特别服务，就是第一次参加我们公司培训项目的客户，可以享受到八折优惠，不知道张经理有没有这方面的需求？"

客户："不如这样吧，你先发一份相关资料给我，如果有需要我再打电话给你，好吗？"

小艳："好的，待会儿我就通过传真给您发过去。"

这样的开场显然是失败的，根本无法打动客户，可以想象，对方挂断电话后很难想到这位销售人员是谁，也不会记得通话的内容。该案例中这位销售人员最大的失败之处在于说辞千篇一律，采用了大多数销售人员惯用的推销语言，而没有体现出自己或自身产品的特色。这样的沟通，如何让客户有深刻的印象？

无论与客户首次通话，还是首次会面，作为销售人员都必须注重可能给对方留下的第一印象。良好的第一印象可给客户带来心理上的改观，如对企业、产品，尤其是你个人产生兴趣和信任，如果客户有刚需的话，甚至可促使其达成交易，直接购买产品。

事实证明，一个销售人员如果一开始就无法激发客户的谈话兴趣，那么，之后再努力，失败的概率也非常大。那么，如何才能给客户留下良好的第一印象呢？有两个要点需要格外注意，如下图所示。

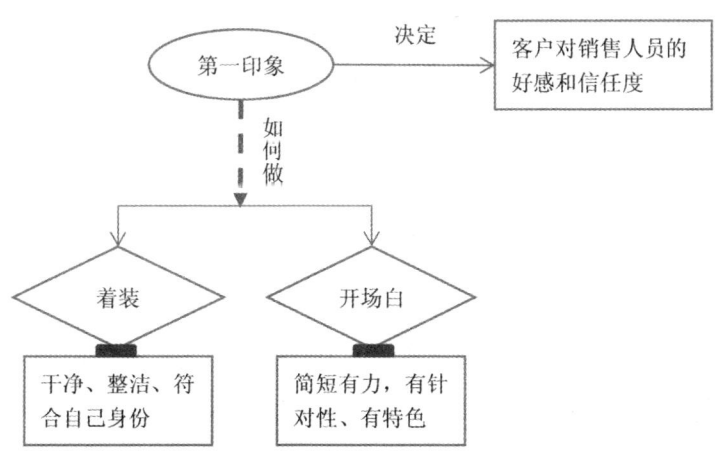

金牌销售赢得客户心理的八大关键

1. 着装

着装，是一个人外在形象的展示，更是内在素养、气质的窗口，通过着装，既可以看到一个人的外在，又能了解其内在。因此，着装问题不可忽视，尤其是在销售行业，它是非常职业化、规范化的一个行业，在与客户会面，或商业与客户沟通中，着装是否得体、规范非常重要。

销售人员着装一定要符合自己的身份，既不能太刻板，也不能太随意，过于刻板不符合现代社会这个多元化、个性化的发展趋势，过于随意是对客户的不尊重。通常情况下，销售人员要穿职业装。

销售职业装大致分为两类：一类是工作装，通常是公司规定的，在上班的时间大家都统一衣着的服装，或者印有公司标志的工装；另一类是广义上的职业装，即没有明确要求，只要整洁大方，能给人一种专业感觉即可。后者适用于大多数销售人员，公司如果没有特殊要求，最好选择这种着装。

案例

小张是一名普通工人，离职后，经人介绍到一家啤酒厂做推销工作。由于以前没有任何推销经验也不注重着装问题。第一天上班，他就到各大商店、酒店、饭店进行推销，几乎是一家一家地挨个儿询问，但都被拒绝，理由是他们都有自己的直销商供货。

后来他发现，同行几乎都穿着一样的衣服，经过询问，才知道销售人员需要统一着装。第二天，他专门把自己装扮了一番，穿上银灰色西服，换了一双中性色的皮鞋。

来到一家大酒店门前，小张向站立在一旁的保安客气问好，微笑着向吧台小姐说明来意，吧台小姐也礼貌地接待了他。尽管这次也没有成功，但能够让对方礼貌地接待他，与前一天相比已经有了很大进步。这无形中也给了他巨大的动力，接下来的每一天，他出去跑业务之前都把自己精心打扮一番，精神抖擞地去拜访客户。

可见，着装的确能给人留下深刻的第一印象影响，外表、衣着，以及透露

第1章
迎合客户心理做开场，成功实现100%预约

出来的高雅谈吐、坚定品格，都有助于客户对你进一步了解。在推销过程中，销售人员着装要本着整洁、得体、符合身份的原则，男士多选用西装或者比较正式的夹克，女性可选择的服饰类型较多，但也不能太随意，一定要本着整洁、高雅、利于社交的原则。

2. 开场白

如果是说着装是一个人外在形象的体现，那么，口才就是一个人思想和内在素养的体现，更容易给客户留下深刻印象。口才表现在：根据不同客户，随时可说出一套有针对性的、富有特色的开场白。那么，该如何说呢？这就需要掌握必要的谈话技巧，具体包括以下三点。

（1）自我介绍。自我介绍是与客户通话/会面时必须要说的话，良好的自我介绍既可以让客户了解自己，也可以为后期的谈话奠定良好的基础。销售中的自我介绍又叫公务式自我介绍，这类自我介绍是技巧的，通常包括四项基本内容，如下图所示，亦称公务式自我介绍四要素。

 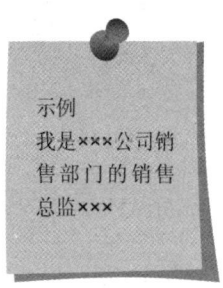

（2）精心准备开头几句话。在与客户首次交流过程中，开头几句话说得如何直接决定着接下来的谈话走向，因为在交流的初始阶段客户注意力是最集中的。心理研究表明，一个人在听第一句话时比听第二句话和下面的话要认真得多。第一句话说得好，客户就有可能愿意继续听下去，否则，会很大程度打击他们的积极性。

那么，如何说好开头几句话呢？在这个问题上其实没有一个固定格式，只要善于结合几个关键要素就可做到最好。所涉关键要素具体如下图所示。

金牌销售赢得客户心理的八大关键

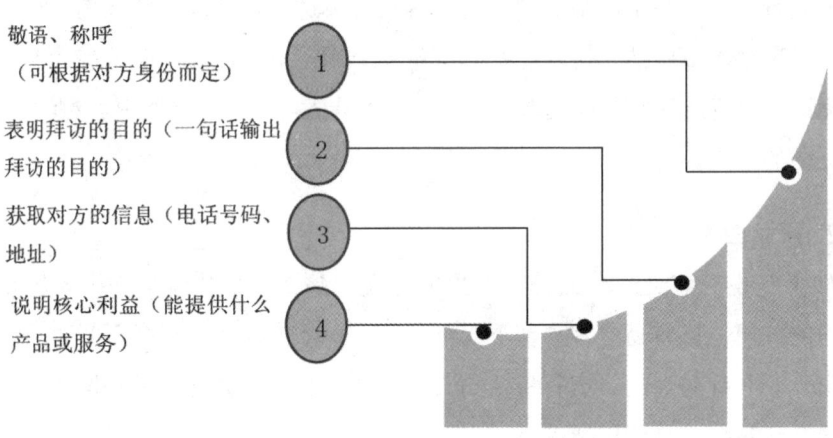

示例

"您好！陈经理（停顿，等待对方回答），我是××公司的李××，经朋友××推荐有幸拜访您，今天打电话的主要目的是想同您探讨一下下个月5号在××宾馆举办的××会议，希望您能光临。"

当然，这决不能完全依靠事先准备好的固定说辞，而是需要结合当时的情景做出相应调整。

对每一场推销，每一位客户，都要学会根据实际情况适时、灵活地做出调整，只有这样才能打动客户，符合客户个性化需求。所以，对不同的客户，要采用不同的开场白，这样既能摆脱了尴尬局面，更为重要的是给客户留下深刻的影响。

（3）语气平稳，吐字清晰。许多销售人员首次与客户交流时会感到紧张，以至于表达逻辑混乱，语无伦次，无法很好地控制语速、语音、语调，这些都极大地影响了交流效果。试想一下，当你给客户打电话时，来意讲得含含糊糊，甚至连公司、产品名称也表达得不完整，对方怎能不拒绝？与客户交流需要先调整好自己，不但要知道表达什么，更要知道如何表达，以引起客户的足够注意。

第1章
迎合客户心理做开场，成功实现 100% 预约

与客户交流时在表达方式上应把握四个方面，具体如下图所示。

1.2 态度效应：积极的态度最易引发与客户的共鸣

心理学知识索引　态度效应是心理学上一个重要的效应，它是指你用什么样的态度对待对方，对方就会以什么样的态度对你。你对他人的态度决定着他人如何对你，你对工作的态度决定着自己的职业生涯，你对人生的态度则决定了自己一辈子是否事业有成、生活美满、家庭幸福。

态度决定行为，好的态度能引起双方的共鸣，向着共同目标前进，而坏的态度则可能拒人以千里之外。作为一名销售人员，无论在何种情况下，身处顺境还是逆境都必须对客户始终保持良好的态度、热情、有耐心。

曾有心理学家利用动物做过一个有趣的实验：

他在镶嵌着许多镜子的两个房间里放进两只猩猩，一只猩猩性情温顺，另一只猩猩则性格暴烈。当那只温顺的猩猩刚到房间里时，看到镜子里面有许多"同伴"便高兴地同它们打招呼，很快便与这个新"群体"打成一片，奔跑嬉戏，关系十分融洽。而那只性格暴躁的猩猩从进入房间的那一刻起，就被镜子里"同类"凶恶的态度激怒了，于是便不断与这个"新朋友"争斗。

三天后，这两只猩猩的命运大相径庭，那只温顺的猩猩恋恋不舍，舍不得离开房间，而那只暴烈的猩猩早已因气急败坏、心力交瘁而死亡。

心理学家把这种现象称为"态度效应"，如果把这种效应应用到推销上来也非常实用。

即使是第一次与客户通话／会面，即使明明知道这次通话／会面可能不会有任何收获。但作为销售人员，都必须表现出最大的真诚，关心客户，站在客户

金牌销售赢得客户心理的八大关键

的角度设身处地为他们着想。因为态度决定着你的一言一行,一笑一颦,积极的态度可以从表情、语言上表现出来。

如果你是一个细心的人就会发现,有些销售人员由于经验不够,或许心理紧张,或者说话习惯问题,或者故意为之,在与客户初次交流时表现得很冷淡,最终不但无法说服客户,反而可能引来更大的问题。反之,那些业绩突出的销售人员对待客户态度都十分好:面带微笑、声音甜美、表达清晰,说话极具感染力,结果就是,客户往往很自然地就接纳了产品。

案例

我曾有过一次愉快的购物经历,在某超市里购买某进口品牌的奶粉,我们都知道,很多进口品牌奶粉包装中会配有产品说明书,说明书中会特别注明奶粉的成份、功效、饮用方法及零售价等。然而,这个品牌恰恰缺少这些必要的文字资料,于是我便对其质量产生了怀疑。

于是,我就用一种质疑的语气问站在一旁的促销员:"您好,这桶奶粉什么成分,多少钱?怎么没有产品说明、价格标签?"

促销员面带笑容走过来,略带歉意地说:"先生,您别着急,是这桶吗?我帮您再核对一下。"

不一会工夫,促销员对我说:"这是产自澳大利亚的×××,原价×元,现价×元。"几乎重新介绍了一遍。

"你们不会弄虚作假吧?"我继续怀疑。

"先生,您尽管放心,我们是大型超市,任何食品的质量都是有严格把控的,不会有任何弄虚作假的成分,这款产品缺少产品质量书和价格标签,是不慎掉落在地上了。我对我们工作上的疏忽向您道歉,实在抱歉!"

这时,我本有些生气,但看到这位促销员和气的态度,便也消了一半,连忙说:"好好,那我就放心了。"

上述例子中,当我对产品质量产生质疑时,这位促销员正是通过微笑,不厌其烦的解释等良好态度打消了我心中所有的疑惑。事实上也是这样,良好态度

第1章
迎合客户心理做开场，成功实现100%预约

有助于强化语言感染力，淡化客户心中的不满，即使不满难以消除，大部分人面对你耐心介绍、热情服务怒气也会消除几分。

因此，作为销售人员必须端正工作态度，从心里表现出一份热忱，一份爱。如果没有这种发自内心的对工作、对客户的热忱和爱，所说出来的话肯定不会征服客户。那么，在与客户交流时，如何才能最大限度地表现自己良好的态度呢？可从以下五点入手做起。具体如下图所示。

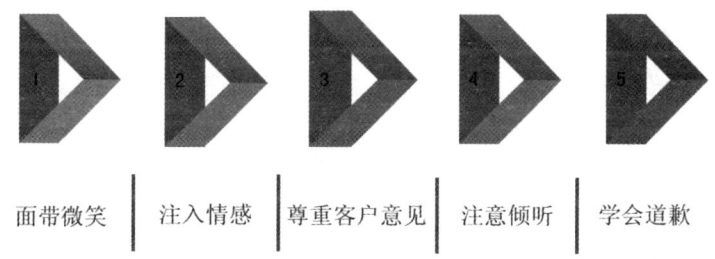

| 面带微笑 | 注入情感 | 尊重客户意见 | 注意倾听 | 学会道歉 |

1. 说话时面带微笑

人们常说，"伸手不打笑脸人""相逢一笑泯恩仇"，可见笑的威力是多么大。在与客户交流的时候，无论是在电话里，还是面对面，销售人员都应该展现出自己的笑脸，说话时一定要微笑，在声音中融入笑意，让客户感受到你的笑。

声音中带有笑容，是一招很有杀伤力的沟通技巧。一项心理实验表明，人的潜意识中始终在追求美和快乐，而笑在听觉上、视觉上则可以很好地传达这种感受。一名销售人员把自己的快乐传递给自己的客户，客户同样也会感到快乐。作为销售人员必须注意一点，带有笑意的声音是极具魅力的，非常有感染力。

2. 说话时注入情感

同样一句话，在不同的语境下效果是有很大区别的，这是因为言辞中注入的情感不同。比如，正在热恋中的一对恋人说"我爱你"，这是温馨的一句话；而正在闹别扭时说出这句话，只是一种敷衍、一种推托之词。同样一句"我爱你"，在两种语境中效果截然不同。所以，说话时必须区别语境，注入相应的情感因素，让说出的每句话饱含情感，富有活力，也只有这样的语言才能从内心深处感动客户。

当然，并不是要向客户直接去表达自己的情感，而是指话中要带有这层意思，让对方听后心中有种被尊重、被理解的感觉。

3. 尊重客户的不同意见

在与客户交流过程中，如果对方提出异议，作为销售人员首先应该做的是给予尊重。这个时候千万不可一味地争论，非要比出谁高谁低，也不可置之不理，刻意打击，而是要表现出理解、尊重，先稳定客户情绪。也许有的人想不通，客户对你无理，也许是无理取闹，是没有事实依据的争吵，如何去理解和尊重？其实，客户提异议对销售人员一方来说，也是一次改进，一次提高。试想，如果对方将异议藏在心里，不表现出来，这就像一颗炸弹，随时会"爆炸"，结果反而对自己不利。

4. 注意聆听

客户在说话时，必须集中注意力去听，这是最起码的礼貌。暂时不管客户在谈论什么，客户喜欢与你谈话就说明对方还是相信你的。与其抢话、插言，不妨静下心来认真倾听。

当然，这绝不是被动倾听，而是在倾听过程中要不断思考，对客户的话做出反应，鼓励客户说下去，必要时把客户所讲的重点内容记录下来。这样客户自然会感激你，认为自己被尊重，心理上也容易产生满足感，这时，当你再提出意见或表达观点时，他们也会主动配合。

5. 学会道歉

对于客户不满的情绪，要先稳住他们，然后再及时道歉。比如，"先生,您别急,有什么问题慢慢说,我们的产品到底出了什么问题？"或者说："女士,我先给您检测一下吧,如果是产品本身问题的话我们一定负责调换；但如果是其他的问题,您则需要从别的方面找原因。"最后，针对客户所提的问题，进一步要了解情况，提出解决方案。目的就是弄清楚客户为什么对产品有意见，有哪些意见，以及哪些问题在自己解决范围之内，能解决的一定要解决，给客户一个满意的答复。

第1章
迎合客户心理做开场,成功实现100%预约

1.3 自己人效应:展示与客户相同的经历、价值观

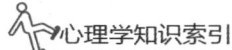

与他人交往时,我们通常有这样一种倾向,更愿意与自己相同点较多的人来往,如性格相同、习性相近、兴趣相投,以及受教育程度相似。也更愿意亲近自己信赖的人所说的话、做的事情。其实这是一种心理学现象,被称为"自己人效应"。

古语说,"与凤凰同飞,必是俊鸟;与虎狼同行,必是猛兽""物以类聚,人以群分"。从心理学角度来看,这都是"自己人效应"影响之下自然选择的结果。人们在选择交往对象时,不由自主会受到自己人因素的影响,倾向于与自己性格相近、兴趣相投、受教育程度相仿的人来往。

人与人之间相似性越多,双方信任度越高,相处起来越容易。那么,我们可以进一步想,如果想让对方接受自己的观点、态度,也必须同对方保持高度的相似性,将对方与自己视为一体,主动接近对方,融入对方的圈子。同理,销售人员也可以把这种心理学理论运用到与客户的交往实践中。

与客户初次见面,如果不知道谈些什么,那就想办法融入对方,让客户不知不觉地把你当自己人。这时,可以聊聊对方的家庭、兴趣爱好、阅历、所经历的辉煌等,然后再表达感同身受的意见、见解,如果在会面之前,已经对客户的背景有所了解那再好不过了。只要主动融入客户,让客户产生你是自己人的感觉,即使不直接推销产品,也可从心理上影响他们,促使他们认可你和你的产品。

案例

美国一位保险销售人员去自己的母校南伊利诺大学推销学生保险,他在动员大会上这样介绍自己:

南伊利诺大学的同学们,听说在场的很多人不知道我这样做的目的,其实,只有一个原因。跟大家一样,三年前我也是南伊里诺的一名学生,我学习在这里,

金牌销售赢得客户心理的八大关键

成长在这里,和你们一样是从艰苦的环境中挣扎出来的。三年后再次踏入校园,并不是来干涉你们的自由,而是想认识南伊里诺的新朋友、新的兄弟姐们,因为我永远是你们中的一员。

这位销售人员能轻而易举地获得大多数人的认可,最重要的是运用了"自己人效应",大大激发了在座人强烈的共鸣。身为一个销售人员,他没有去大谈特谈产品的好处,而是从心理角度出发,强调自己对母校的感情,对母校的感恩心情,并用"跟大家一样,我也……"这样的话,带领师弟师妹们进一个"自己人"的情景之中,不禁让师弟师妹们产生"我们曾经是一样的人"的感觉,这些语言无形中就拉近了彼此间的距离,让对方产生非比寻常的亲近感、信赖感。

有很多销售人员初次拜访客户,感觉很难与客户深入交流,其实并没有想象得那么难,只要善于运用"自己人效应",很多问题都可以迎刃而解。

"自己人"的心理定式在销售人员与客户的交往中发挥着重要作用。那么,如何做才能给客户一种"自己人"的感觉呢?关键的一点就是要注意说话的方式方法,具体方法包括以下四点,如下图所示。

1. 多用第一人称

美国纽约电话电报公司曾经做过一项有趣的调查:他们对500个电话受访者进行调查,惊奇地发现:在这些谈话中,使用"我"的频率竟高达3950次,每人平均8次。这说明在人际的交流中,大多数人有一种被他人关注、关心或重视的心理趋向。

其实,这也是一种说话技巧,说话时多用第一人称,或类似于第一人称的词语,可起到关心他人、尊重他人的作用。如果是用在陌生人之间,还可瞬间拉近与对方的心理距离,让客户心中的"自己人效应"得到强化。

第1章
迎合客户心理做开场，成功实现100%预约

"我""我们""咱们""我和您一样""大家"等这些第一人称，或类似于第一人称的词语，可起到关心他人、尊重他人的作用，让客户心中的"自己人效应"得到强化。

比如，"我和您一样"，是很多销售人员与客户交流中常常用到的一句话，这样的话很容易激发共鸣，找到与客户沟通的切入点。

2. 用语前后一致

在与客户沟通时，要注意用词的前后一致性，否则，不但会让客户误解您提出的意见，反而会给对方留下一种不真诚、做作的印象。比如，前半句用"您"，后半句用"你"。

销售人员："您是××先生吧？我经常听您的线上课程，但遗憾的是一直未曾谋面。"

销售人员："××女士，让您久等，实在抱歉，我是受公司委派专门来机场接您的。"

"您""你"两个字意思相近，但传递出来的信息差别很大，也折射出说话人两种截然不同的说话态度。"您"表达出一种尊重、仰慕、关心之意，而"你"只是一种普通的称呼，前后不一致的表达方式会造成客户的心理落差。

3. 善用语气强调

要想在最短的时间内拉近与客户的心理距离，必须让客户感到被尊敬，被敬仰。这些效果完全可以用语言表达出来，同样一句话不同的语气，效果也不一样。比如，"我和您一样"这句话。

销售人员："我和您一样，曾经有过这样的经历"（语气重点在"我"字上）

销售人员："我和您一样，曾经有过这样的经历"（语气重点在"您"字上）

语气重点在不同的词上，表达效果大不一样，第一句强调的是"我"，第二句强调的是"您"，很显然，第二句听起来会更舒服些。

4. 言行举止符合客户心理定位

在学校里有这样一个现象：班上门门功课优秀，总得第一名、第二名的学霸级学生，往往很容易被大多数同学不自觉地孤立；而中等生则更容易与大家打成一片。为什么呢？这是因为第一名、第二名表现得太过完美，让大家感到与他有差距；而那些表现不错但又有明显不足和缺点的学生，会给大部人一种"我们都差不多的感觉"，毕竟缺点大家都有，符合大多数人的心理定位，因此，大家更愿意和他相处。

同样道理，作为销售人员的言行举止也要尽量符合目标客户的心理定位。假如你的客户都是中产阶级，那么，你的穿着打扮就不能太显眼、使用的通信工具、交通工具，比如手机、电脑、汽车等避免太过高级。否则，客户会望而生畏、敬而远之，因为客户看到你如此气派，内心有一种莫名的自卑感、差距感，自然而然就产生了心理抗拒。而且，客户会很自然地联想："这个家伙一定非常会赚钱，而且是从我们客户身上'榨取'的，他们极有可能会以高于其他商家的价钱把产品卖给我们，导致我们吃亏。"

一位非常成功的房地产经纪人在谈到自己的营销经验时，说了这样一番话："我在房地产行业做得不错的时候，赚钱换了一辆高级轿车。奇怪的是，从那以后中产客户一个接一个地流失。开始我不知道原因，后来才明白，原来是客户看到我那辆高级轿车就想到我只知道赚他们的钱，唯利是图。于是，我把车换了，用与那些客户差不多档次的小轿车，我的客户又逐渐多了起来。"

1.4　名人效应：借助有影响力的人抬高自己的身价

名人效应，是指因名人而引发的引人注意、强化事物、扩大影响的一种连锁效应，或引发人们模仿的现象的统称。名人效应已经在商业领域产生了深远影响。比如，名人代言广告能够刺激消费，名人出席慈善活动能够带动社会关怀弱者等。

第1章

迎合客户心理做开场，成功实现100%预约

每个人内心深处总是固执地认为，人的身价与他的品行、为人处世总是存在着某种必然联系。比如，名人、伟人的一言一行，总要比普通人更具有说服力，更具有号召力；知名品牌总要比普通产品更受人青睐，其实这都是一种"名人效应"。这种现象告诉我们，当一个人或物被标以明星光环后，就会被一种积极的、肯定的光环笼罩，人们潜意识里也会赋予其一切好的东西。

在这种固有意识的影响下，很多人都不约而同地喜欢向某个名人标杆看齐，如在购物消费时候喜欢买名牌，或有明星代言的品牌。因为，有名人的光环加持，就可以根据名人效应去推断品牌所具备的类似特征。作为销售人员，在与客户沟通时要善于给自己或自己的产品、企业标以"名人"光环，借助这个"光环"提高信誉度、美誉度。

案例

某通信公司的一名电话销售人员主要推销长途电话业务。前几天，她给客户王经理介绍产品时就很好地采用了知名企业的光环。

销售人员："早上好，王经理，现在接电话方便吗？"

客户："方便，请问哪位？"

销售人员："我是××公司的范玲玲，您可以直接叫我玲玲。王经理，我了解到您是中国联通的老用户，现在我们公司联合××公司（知名企业）推出了一项新服务。这项服务您不需要任何额外支出，就可以节省30%的长途电话费。我能用一到两分钟的时间向您做一个简单介绍吗？"

客户："××公司（知名企业）的信誉一直很不错，您的新服务指的是什么？"

在知名企业的带动下，客户愿意接收具体信息，这位销售人员也轻而易举地获得了更多交流机会，接下来的谈话内容在这里就不多赘述。这个案例重点是想说明，人们通常都有这样一个心理，容易受到他人或周边事物的影响，尤其是在某一领域名气较大的人或物，更容易改变普通人的想法。

销售人员可以利用人的这种心理去影响客户。如今，很多企业注重做广告，就是利用了这种效应。比如，在美国曾经有一种布娃娃，售价3000美元，理由

就很简单，就是由"椰莱娃娃"亲手设计。

可见，利用名人对推销有着极大的推动作用，销售人员就要善于利用客户的这种心理。在与这类客户交流的过程中，可以将自家产品与某位名人挂钩，以增加客户对产品的好感。在条件允许的情况下，还可以邀请名人直接"参与"。比如，请名人签名，名人留影，名演员献艺等，这样可以大大提高产品的可信度，吸引大量客户。

无论广告宣传，还是其他方式，都是有效地运用了名人效应来推销的重要方式。利用名人效应来达到推销目的，正是迎合了一部分客户的慕名心理，作为销售人员，一定要注意这部分客户，利用名人的影响力去改变他们的想法、行为。

1.5 幽默效应：营造有趣的氛围，让谈话更轻松

心理学知识索引

心理学研究表明，幽默是最强有力的交际工具，可以反映出了一个人的修养、文化、情趣和独特的审美。谁都喜欢与谈吐不俗、机智风趣的人交往，而不喜欢与郁郁寡欢、孤僻离群的人接近。

"一句话说得人跳，一句话说得人笑"，幽默性语言作用很大，能活跃气氛，化解矛盾，打破僵局。生活中，人与人之间常会发生一些矛盾和分歧，甚至剑拔弩张，大打出手，而一个幽默往往可起到出神入化的作用。

一天，幽默大师萧伯纳在街上散步时，一辆自行车冲来，他躲闪不及，双方都跌倒了。萧伯纳笑着对骑车人说："先生，你比我更不幸，要是你再加把劲儿，那就可作为撞死萧伯纳的好汉而永远名垂青史了！"俩人握手道别，没有丝毫难堪。

第一次见面，无论是对销售人员还是对客户来说，难免都有一点紧张和不安，这会严重影响双方的交流效果。这时，销售人员如果能主动讲些风趣幽默的话，

第1章
迎合客户心理做开场，成功实现100%预约

即可以消除这种尴尬，营造一个轻松愉快的谈话氛围。

案例

一位推销员去拜访一个公司的董事长，不料被秘书拦在了门外，这时，他机智地对秘书说："你可以把我的名片转交给董事长先生吗？说完，把名片恭敬地递给秘书。

秘书来到办公室把名片交给董事长，董事长看也没看就退回来了，秘书很无奈地把名片退给站在门外的推销员。

销售员不厌其烦地说："如果董事长没有时间接待我，我下次再来拜访，您还是帮我把名片留给董事长吧！"说着又把名片递给秘书。在这位推销员的坚持之下，秘书再次进入办公室，这次，董事长非常气愤，一气之下把名片撕成两半，丢到一旁。

秘书见此不知所措，只见董事长从口袋拿出十块钱，对秘书说："十块钱买他一张名片，够了吧？去告诉他以后不要再来了。"岂知立在门外的推销员看到了这一幕，进入办公室对那位董事长开玩笑地说："董事长先生，十块钱可以买两张我的名片，我还欠你一张。"随后他又掏出一张递给董事长。董事长听到推销员幽默的话，拿着名片不禁笑了。

幽默的语言在推销活动中的运用，不仅可以造成轻松活泼的气氛，还能为推销工作创造一个良好的环境。幽默话语本身就是一种极具艺术性的广告语，用得好，会给人们留下深刻印象，由一个笑话联想到某种品牌，是很好的促销方式。一位金牌销售人员，要想在推销的说话中游刃有余，如鱼得水，让客户喜欢你，必须学会运用幽默的语言。

1. 不失时机地表现幽默

幽默贵在出其不意，销售人员要像幽默大师一样，讲话的时候娓娓道来，让客户在不经意间感到与你谈话的魅力。这就需要在表达幽默的时候，一定要把握好时机。在销售过程中，只有掌握好时机，才能凸显出你的智慧，否则就会适得其反，起到反作用。

2. 恰如其分地表达幽默

幽默的语言是一种高雅的语言，一旦说得不是时候，反而会令客户陷入尴尬的境地，有的销售人员为了取悦客户，完全不顾对方的感受，讲话非常随便，把一些低俗的语言当成是幽默。在与客户交流的过程中，幽默不是为搞笑而幽默，而是为了推销的顺利进行。因此，表达的言辞、所讲的笑话都要有的放矢，避免开一些有伤大雅的玩笑。

为吸引客户的注意力，销售人员必须善于提出一些有新鲜感，有创造性，富有变化的问题。所以，销售人员提问前对谈话内容要有个定位，考虑好问题的内容，表达的方式，提出的时机以及这些问题对方可能有的反应等。只有这样，提问才能有效，才能促使客户做出正确的判断和反应。

3. 善于自嘲

在诸多幽默中，自嘲式幽默是最佳的一种说话方式，也是最适合销售这个情景的，自嘲式幽默被誉为幽默语言中的最高境界，这种幽默方式在于通过含蓄的语言，批评自己，揭露自己的缺陷和不足，从而让对方心领神会，销售人员在拜访客户的时候运用一些幽默风趣、委婉诙谐的语言，要比直截了当的"说话"效果好。

1.6 中间人作用：巧妙提及第三方，让沟通更通畅

两条河之间搭一座桥，行人走起来会更方便。做销售也是同样的道理，如果能在与客户之间架起一座"桥梁"，沟通起来也会容易得多。我们所说的这个"桥梁"就是除销售人员、客户外的第三方，这个第三方就起到了"桥梁"的作用。

销售人员与客户初次交流往往会遇到很多障碍，这些障碍就像一堵墙，不借助外力很难逾越。如何消除这些障碍？不妨利用一下"中间人"。中间人，也

第1章
迎合客户心理做开场，成功实现100%预约

可称为第三方，是除销售人员、客户之外的、双方都比较熟悉的第三方。很多与客户沟通成功其实都是在搞"熟人外交"，有了熟人的这个桥梁，很多时候沟通会变得畅通，很多问题也会迎刃而解。

这就要求销售人员学会寻找、挖掘中间人资源，并充分利用。那么，如何找到这部分人呢？其实，很多就在你自己身边，比如亲戚、朋友、合作伙伴、老客户等。尤其是老客户，可以充分融洽与新客户之间关系，如乔·吉拉德在自传中曾写道："每一个客户的背后都有250个客户，如果你能充分利用好每一个客户，也就能得到了250个关系；若得罪一个客户，也就意味着得罪了250个客户。"他的这段话说明了客户资源的重要性。

案例

乔·吉拉德最善于运用中间人来寻找新客户，一天，他去拜访一位客户。

"您好，您是艾莉丝女士吧？我是汽车汽车销售人员乔，昨晚跟您的朋友朱迪雅在一起，我们谈到您，我希望有机会跟您见个面，认识认识。"

"您太客气了！我想他是不会说我好话的，除非他喝醉了，您是想向我推销车子吗？如果那样就算了，我可没有钱去买有一辆高档的汽车。"

"汽车？也许，但您不一定需要，对吧！我只想跟您认识认识。您不知道，昨晚他每每谈到您都是显出一副非常尊敬样子！我认为您一定是个非常有趣的人，我们一起午餐怎么样？"

"您别费心了，我是不会买车子的。"

"我保证不谈关于车子的事情可以吧，他也觉得我们两人应该认识，说不定我们会谈得很投机。"

"好吧，也许您知道，我这个人非常喜欢交朋友。"

"非常高兴能认识您，对于朱迪雅的建议我很感激，如果您觉得我这个人值得交，您再向您的好朋友推荐我。请您吃饭可不是一定要跟您谈交易，除非您自己愿意跟我谈，否则我们只是见个面，交个朋友。"

可见，老客户的推荐是多么重要，有时候，老客户的一句话要比自己千言

金牌销售赢得客户心理的八大关键

万语更有效。然而,很多销售人员却不懂得有效利用这一资源,甚至会觉得求人帮忙,是一件非常难开口的事情。其实,你完全没必要有这种想法,毕竟他们都是你服务的对象,只要处理好与自己客户的关系,他们都乐意帮你的忙。

世界上有很多金牌销售人员都懂得如何来充分利用自己客户资源,把有限的客户资源运用到目标客户的挖掘中去。这样就可以大大拓展你的人际关系,使单个客户部变成一个客户群。

然而,总有人认为这是一件非常困难的事情,毕竟谁也无法把客户认识的人带在身边,或者让其为自己说话。其实,很多时候并没有想象的那么难,只是在运用时需要掌握一些技巧。就像例子中的乔·吉拉德,在谈话之间无意识地把的信息传递给客户,既可以拉近双方的关系,又不会显得那么突兀。

这就涉及了一个如何寻找推荐人问题,那么,如何寻找推荐人呢?通常来讲可从以下三个方面入手。第一,从自身角度入手;第二,从客户角度入手;第三,从推荐人角度入手,如下图所示。

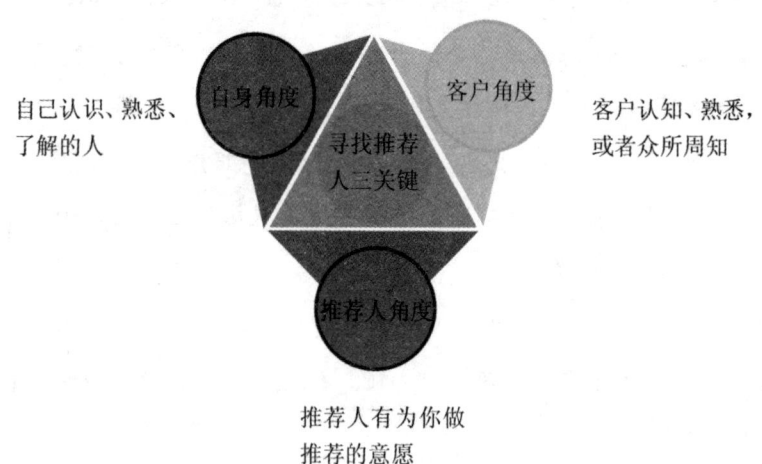

1. 自己认识、熟悉、了解的人

在寻找推荐人上,首先要选择自己认识、熟悉、了解的人,这直接关系着推荐结果的成败。因为,这涉及一个意愿问题,不是谁都愿意当我们的推荐人,如果贸然求助他人很可能被拒绝,即使不拒绝也很难起到推荐的作用。反之,如

果找一位自己认识的人，当你提出要求对方接受起来往往比较容易。

2. 对方乐意为你当推荐人

只有那些乐意为你宣传的人，才能成为真正的推荐人。也就是说，这些人对你的帮助是无私的，心甘情愿的。对方欣赏你的工作态度，或者被你某一点打动，总之愿意帮助你成长。如果能争取到这些人，推荐工作将会一帆风顺。

社会上有很多这样的热心人，他们有意协助年轻人成长，只是在寻找时一定要用心，用自己的努力、人格魅力去打动对方，用自己的正直、诚信、勤奋、积极向上去打动对方。

3. 客户熟悉、尊重或钦佩的人

这一点是最重要，所选择的推荐人必须是客户所熟悉、尊重和钦佩的。为了尽可能地接近目标客户，不妨先从客户身边的、熟知的人入手，如合作伙伴，属下员工、朋友。这些人都是客户信得过的。

比如，你可以向客户展示他的某位合作伙伴已经购买过，这对客户将是个很大的触动。所以，在说服客户的过程中，可大量列举客户的合作伙伴的购买经历，并出具相关证据。

案例

一位销售人员向客户公司推销一批产品，几经交涉，对方才勉强接受产品资料。巧的是，这位销售人员向客户提供产品资料时，在中间夹带了一份已购客户名单，这份名单列举了一大批已购产品的客户，其中有很多是该客户的同行、合作伙伴。

当客户阅读产品资料时发现了这份名单，好奇之余，与比较熟悉的几位同行进行了沟通，并特意询问了这款产品的使用情况。由于产品在客户心目中口碑较好，评价很高。通过侧面了解，客户也很快打消了原先的疑虑，决定购买该销售人员的产品。

例子中的这个"已购客户清单"就相当于中间人，在销售人员与准客户之间充当了桥梁作用。凭着这个"中间人"，打消了客户疑虑，并最终赢得了订单。

可见，想要快速取得客户的认可，就必须利用推荐人。推荐人的推荐对目标客户能起到一个标杆作用，对方的一句话可能抵得上你说十句话。否则，口才再好，单枪匹马作战也很难取得较好的业绩，每一个金牌销售人员都要充分调动身边的一切可用的人，让他们为自己服务，帮助自己销售，这样才能让销售工作进展得更加顺利，这也是销售成功的捷径。

1.7　奥卡姆剃刀定律：抓住谈话核心，越简单越好

心理学知识索引

奥卡姆剃刀定律又称奥康的剃刀，由14世纪英格兰逻辑学家、圣方济各会修士奥卡姆的威廉(William of Occam)提出。核心思想是"如无必要，勿增实体"，即简单有效原理。正如他在《箴言书注》2卷中所说："切勿浪费较多东西去做，用较少的东西，同样可以做好事情。"

奥卡姆剃刀定律核心是化繁为简，做任何事情都要遵循简单法则。这个法则非常神奇，是很多人一生做人、做事的准则，是企业立于不败之地的生意经。例如，花旗银行提供"简单"信用卡，福特公司"维持简单定价"，生产打印机的利盟公司（Lexmark）旨在为消费者"化繁为简"等。

心理研究发现，当一个人向陌生人表达自己某个观点、想法或思想时，对方只会付出10%~15%的注意力去倾听，而且这种意愿会随着交流时间的延长而逐步降低。这也从反面说明，与人交谈，你向对方透露的信息越简单，对方接受度越高。

那么，我们在与客户初次交流时也要注意这个法则，抓住谈话核心，越简单越好。尤其是开场白说辞，只要能表明来意，让对方知道自己是谁，或者引起对方的交流意愿就够了，千万不可连篇累牍，一发不可收拾。因为，首次交流双方都是陌生的，你说得再多，对方往往也没兴趣了解，反而说得越多，越容易引起对方反感。

第1章
迎合客户心理做开场,成功实现100%预约

这就需要用到人与人交流时大家都比较喜欢的黄金法则:简单法则,把想说的话浓缩为一两句简短而有吸引力的话,争取一针见血,一步到位,一句话见效。

案例

林肯当选为总统之前,曾是一个金牌演说家。一次,他被邀请为一个学术会议发表演讲,在他之前,已经有两个教授上台,各做了一场,这两个教授的演讲特别冗长,而又空洞无物,在场的人已经显得有些不耐烦了。看到这个情景,他认为自己的演讲如果再长篇大论,很多人有可能会离席而去。

于是,他走上讲台后,望了一眼台下的听众,用力地敲敲桌子,提高嗓门,只说了一句话:"绅士的演讲,应该要像女士的超短裙一样——越短越好。"台下顿时爆发了雷鸣般的掌声。

这次演讲后来被称为演讲史上的典范。

简单,是一种力量,很多时候话越简短越好,特别是在这个讲究效率和速度的年代,每个人都很忙,时间都很紧迫,你说得话再有道理,但很长,恐怕也没人一字一句地去倾听。销售人员更应该这样,话尽量干练简洁,让客户在最短的时间里明白我们在表达什么。口若悬河地讲,不但浪费时间,而且容易造成思路不清。

然而,很多销售人员却忽略了这一点,见到客户后说话就像开闸的洪水,大谈特谈,天南海北,胡乱吹嘘,其实很多话都是无用的。这样做反而会起反作用。我们来看一个事例。

案例

小刘是一位电话销售人员,一天她给客户打电话。

小刘:"早上好,请问您是××公司的张经理吗?"

客户:"是的,我是,请问哪位?"

小刘:"我是××投资管理公司的业务代表,请问张经理现在讲电话方便吗?"

金牌销售赢得客户心理的八大关键

客户："还好，有一点点忙，你有什么事情？"

小刘："我知道您很忙，前几天就想给您通话，但考虑到您的工作时间就选择在了今天。"

客户："你有什么事情，请讲吧。"

小刘："这次拜访您的目的是这样的……"（此时才开始进入正题）

上述案例这种开场白是效果最差的一种，最大的问题在于客套话过多，且存在很多没必要说的话。我们来分析一下：

小刘拨通电话后，采用一个问句："早上好，请问您是张经理吗？"这会让客户瞬间产生抵触情绪。如果电话那头真是张经理本人，电话已经直接打过去了，就没必要问了；如果不是他本人，对方会直接拒绝。

更严重的是，小刘接下来便开始寒暄，这是非常忌讳的，知道了对方时间紧迫后，应该尽快说明来意，别过多耽误对方的时间。过多的寒暄，恰恰是在耽误对方的时间，客户马上会有结束谈话的想法。

试想一下，如果换了下面的说法，效果可能大不一样。

小刘："张经理您好，我是××投资管理公司的业务代表。是这样的，今天特意给您打电话是想与您谈下投资行业中的一些新情况。"

客户："什么新情况？"

接下来的交流就顺理成章了，在客户不是充分了解你的意图前，开场白过于复杂，会让其产生厌恶感，甚至有被强行推销的感觉。因为相互间不够了解，对方潜意识中会有一种排斥。而且如果客户的确很忙，并不愿意把宝贵时间浪费在不重要的事情上。因此，能否在最短的时间内把客户的注意力吸引过来，直接关系着拜访工作的成败。

当然，这里有一点需要特别注意，尽管我们强调，谈话要遵循简明扼要的原则，但不等于一味追求简单，越简单越好。在追求简单的同时也应该兼顾内容问题，即要能准确无误、明白地表达自己的意思，一些最基本的内容，比如自己的身份，以及拜访目的等，还是要尽量交待清楚。因为，这些都是谈话的出发点，

第1章
迎合客户心理做开场，成功实现100%预约

客户必须要了解的东西，不能为了单纯地追求简单而把这些必要忽略。

所以，在遵循简单法则的同时还有些事项要注意，避免走入认知误区。

1. 保证内容的内涵和丰富性

简明，并不是浅薄无知，而是经历复杂后的升华，是化繁为简的智慧。形式上可以追求简单，方法上也可以尽量简单，但内涵上则要深刻和丰富。显而易见，初次与客户交流时所谓的简单，并不是要你随便说，应付几句即可，而是要高度提炼和总结，将最核心的信息表达出来。

2. 因人而异

在与客户交流时，有些话是该简单笼统地讲，还是详详细细地讲，并不能一概而论，还必须兼顾听者的理解能力，即对象不同，所说内容也应该有所取舍。比如，对一个有点专业知识的患者来说，可以直接使用"外伤性咬合不正"这样的术语，他可以理解为这是一种专业术语；但如果对方是一个普通患者，再这样说就不妥当了，如不给出更多解释，他可能误认为这是一种可怕的疾病。

言语的含义仅仅限于听者的理解力，如果你是一位拥有高超技术的销售人员，说话就要时时刻刻考虑到听者的理解能力，并根据听者不同的理解力调整自己的内容表达。哪些内容该重点介绍，哪些内容需要一带而过，心里一定要有所预判。

1.8　重复定律：关键信息不妨多说几遍

在心理学上，重复定律认为，任何行为和思维，只要不断地重复就会得到持续加强。在人的潜意识当中，一些人、事、物不断地重复，都有可能会在潜意识里变成事实。这种现象被称为重复定律，即当被多次提及后，听者就会产生潜意识的认可和依赖。

金牌销售赢得客户心理的八大关键

重复的力量非常大，任何行为都可在重复中得到强化。一首不太好听的歌，重复播放，你就会发觉原来也不是那么糟糕。为什么同样的歌听多遍之后会感觉变好听了呢？其实，变的不是歌本身，而是听歌者的心理。听歌的人在多次被这首歌刺激之后，感官开始习惯陌生的声音，进而形成依赖。

同样，这种效应也可用在推销中，拜访客户之初，很多销售人员常常会为客户记不住自己的名字，忘记自己所说的话而感到烦恼。这时，不妨多说几遍，尤其是重要的信息重复说，则会在潜意识中影响客户对信息的认可。例如，为便于客户记住自己的名字，在交流时可重复提及自己的名字，以加深其记忆。

案例

章玲是某厨具生产企业的一位销售人员，一天，她去拜访销售商张某。当走进客户办公室做自我介绍时，对方并没有注意到她的名字。因此，在交流的过程中，对方总是不知道该如何称呼她。这时她非常机灵地对客户说："张总，我叫章玲，章子怡的章，林志玲的玲，您可以直接叫小章。"听到她这样的解释，客户客气地笑笑："那好吧，你的名字真有趣。"

由于有了这段特殊的对话，接下来的交流瞬间融洽很多，这也为她进一步介绍产品开了个好头。

上述例子中这位销售人员非常聪明，为加深客户对自己名字的记忆，巧妙地多次重复。

重复确实可以加深记忆，尤其是不熟悉的人或物，更要重复说，重复多了对方就能慢慢接受。从心理学角度分析，一个人在接受外来的信息时通常不是马上、全部接受，而是有一个循序渐进的过程。

一项研究表明，当你与一个陌生人交谈时，对方从谈话中获得的信息不足60%，也就是说，还有1/3的话可能被对方忽视。看到这个数字，也许你会感到很惊讶，难道自己所说的话竟有如此之多被对方忽视。其实，你也不必为此懊恼，这是由人的心理所决定的，唯一可做的就是掌握重复说话的技巧，积极改变对方。

世界上就怕重复，一件不经意的事，重复做最终会不简单。一个人如果能重复地、坚持不懈地做一件事情,那成功的机率就会大大增加。重复可以改变一个人的行为,同时对人的心理也有很好的强化作用,当一个想法、观点屡次被提及,不断地重复,其实也是一种强调和暗示,让这个想法和观点在对方心中留下深刻印象。

然而,所谓的重复并不是机械地反复,很多人不喜欢千篇一律地说话、做事,认为那十分枯燥,没有新意,也不无道理。这说明,运用重复定律也是有前提的,有些细节需要格外注意,具体内容如下图所示。

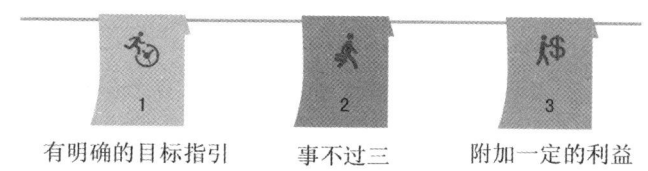

有明确的目标指引　　事不过三　　附加一定的利益

1. 有明确的目标指引

重复对一个人来说,也许是厌倦,也许是享受。在没有目标的人眼中,"重复"是漫无天日的煎熬,在有目标的人眼中,重复是迎接光明之前的短暂的黑暗。设立明确的目标,为该目标的实现累积经验,必然会重复做一些事。在重复中,我们的人生会发生蜕变。经过不断重复,我们就能破茧成蝶,我们的人生将会得到升华。

2. 事不过三

俗话说,"事不过三",三其实就是重复的一个标准。如果你是一个细心之人就会发现,其实,很多重复都遵循着"事不过三"的法则。道德经云:"道生一,一生二,二生三,三生万物。"春秋战国时期有"一鼓作气,再而衰,三而竭"的典故,现代商业广告中也有经典的广告词:"恒源祥,羊羊羊。"

当然,这里的"三"不是指确切的数,但也充分说明,在重复定律中始终有一个比较稳定数字,无论做一件事情,还是说一句话,超过这个数就会向相反的方向发展。

3. 附加一定的利益

例如,当一个客户因害怕耽误时间而拒绝你的推销时,你就应该重复告知他:你不会耽误他太久的时间,同时也让他知道所花时间与所得的利益是绝对对等的。当你将这个问题交代两三次后,他也就不认为你的推销是在浪费时间,相反会不断地告诫自己,接受这次推销也许会获得更多。

第2章

看懂客户心里小秘密，让沟通化被动为主动

销售与拒绝是一对"孪生兄弟"，有销售的地方一定伴随着客户的拒绝。但拒绝绝不是销售的绊脚石，相反是一种潜在的推动力量，很多消费需求也正是在拒绝与破解拒绝这样的循环中逐步产生的。因此，作为销售人员不要害怕客户的拒绝，而要善于循着他们的心理去挖掘，发现拒绝原因，找到解决问题的办法。

2.1 角色效应：以最专业的形象让客户折服

心理学知识索引

社会心理学认为，在不同的人生阶段、不同的环境、不同的场合，人们扮演的角色总在不断变换着，且角色的不同，自身的定位、职责也会有所不同。这种因角色变化而引起的思想、心理、行为变化的效应被称为"角色效应"。

客户为什么会拒绝你的推销？那是因为你不够专业，在对方看来你不是一名合格的销售人员。当然，这里包括社会对销售人员这种职业的习惯性误解。比如，不少人认为销售人员无非就是产品的推销者，只会打打电话、发发传单、与客户瞎聊胡侃，有的甚至被打上"骗子"的烙印。

如果说是外界因素影响了销售人员的"名声"，那么，最影响其名声的还不是这些，而是自身的认知。因为外界的东西我们无法改变，唯一可以改变的就是自己，当一个人决心改变自己时，即使外部环境不变，结局往往也不会太差。

社会对销售人员的评价普遍较低，关键原因就在于有些销售人员对自己所从事的工作没有一个正确的认识，潜意识里认为从事的职业较为低贱，自己的工作无足轻重，以至于在与客户打交道的过程中没有激情、没有自信，尤其是遇到困难、挫折时，完全没有主动解决问题的意识和能力。

案例

小齐是一名网络广告推销员，在销售行业做了三个月，可以说是非常失败的。他很自卑，甚至有点讨厌自己的工作，因此用了三个月的时间才获得一个比较有意向的客户，最终还因为自己的问题没有谈成。

其实，这位客户先天条件还是非常不错的，是当地最有实力的一家医药公司总经理，公司规模最大、行业口碑也不错。获得这样一个大客户，他当时暗自高兴了好几天，并下决心一定要谈成。那为什么失败了呢？原因就出在他的一次拜访上，为了尽快敲定这份订单，他定了当天的机票火速飞往客户所在地。

第2章
看懂客户心里小秘密,让沟通化被动为主动

令他没想到的是,客户有事临时取消会面,因此当他到达目的地时,接待他的是经理助理,并负责前期的洽谈事务。当他听说助理没有任何拍板权力,只能把合作意向传递一下时,有点心灰意冷,心想自己只是一个小小的业务员,如何让这样一位在医药界有名望、有地位的老总来见自己呢?不过,为了与客户见面签单,他还是在当地耐心等了一天,结果还是没有任何音信。他越想越气愤,越想越自责,后悔当初轻率地决定拜访,由于这种情绪占据了头脑,他最终放弃了这个客户。

就在他走后的第二天,客户回来了,并表达了继续会谈的愿望,而小齐却因为这次"打击"而辞职了。

小齐本该有望谈成这笔订单,最后为什么选择放弃?主要原因在于他对自己不自信,认为自己处处低人一等,客户没有把他放在眼里。其实,很多时候这只是"自己以为",作为销售任何时候都不要"想当然地认为"这个事情是这样,那个事情是那样的,只有先努力不懈地去做,才知道最终的结果。

如果从心理学角度来看,小齐的问题就是自我定位不准,不知道自己在与客户沟通时应该扮演什么角色,处在什么地位。销售人员不仅是产品的推销者,更是行业专家、产品顾问,客户的朋友、引导者。如果没有这个意识,势必会在工作中迷失自我,找不到奋斗的方向,没有荣誉感和成就感。

从这个案例可以得出这样的结论,作为销售人员一定要在客户面前能扮演多种角色,以一个非常专业、非常职业的形象站在客户面前。销售人员应扮演的好的角色如下图所示。

销售人员的6种角色:行业专家 销售顾问 问题解决者 客户的朋友 高情商沟通者 倾听者

金牌销售赢得客户心理的八大关键

1. 行业专家

金牌销售人员懂得更多的专业知识,他可以给客户更多的建议、更好的服务。我们经常会遇到"专家式"的客户,他们懂的问题甚至比我们还多,有时业务员会被这样的客户问住。所以,金牌销售人员要不断学习,加强自身的知识水平。金牌销售人员明白客户的需求,了解客户的真实想法;金牌销售人员让客户感觉真诚可信,会让客户放心购买他的产品,并觉得物有所值。

2. 销售顾问

销售人员与销售顾问是有本质区别的,销售人员只是把产品卖给客户,销售顾问不但要把产品卖给客户,而且要制订销售方案,帮助客户使用产品,将产品的价值发挥到最大。

因此,销售人员在客户面前不应该摆出一副只想做成生意的样子。相反,要先了解客户的购买用途,使用情况,购买能力等,一定要以顾问的身份去解决问题,提供一套最适用的解决方案给客户,帮助他达到目标。只有成为客户的顾问,从客户的角度去出谋划策,帮助客户获得最大的利益,达成客户的目标,解决实际问题,才能赢得客户的信任和尊重。

3. 问题解决者

销售人员是用产品和服务来解决问题的人,而不是去找产品买主的人。在就像医生给病人看病,要遵循三个步骤:检查、诊断、开处方。医生如果没有经过这三个步骤,就是不合格的。销售人员也一样,应该遵循同样的职业道德规范。把自己当做客户的医生,把自己的产品和服务当作是最好的药方。我们大多数销售人员去拜访客户时,通常是根据客户的购买意向来推荐产品,却很少去考虑这个产品对客户是否最适用、最实用。

金牌销售人员不会急于与客户沟通,而是跟随客户去查看工厂,车间等,然后拿出自己的一套方案建议客户采纳;金牌销售人员还会在拜访陌生客户时,通过这样的方法让本没有购买意向的客户产生购买意向,获得商机。因此,我们要像医生一样去帮助客户诊断,在诊断的过程中兼顾客户的整体利益,找到妥善的解决方案。

4. 客户的朋友

先做朋友，再做生意，尽管这是老生常谈，但的确很少人能做到。有的销售人员只是单纯地卖产品，而有的销售人员则非常具有亲和力，让人一见面就会感觉非常踏实可信。

销售人员要具备这种亲和力，给客户一种信任感，做客户的朋友，热情和坦率会让客户自动放下防备，将自己的需求展现出来。这样的销售人员能够在较短的时间内就获得客户的信任，能够与客户进行比较顺畅亲近的交流，客户会将自己的需求、意图、底线毫无保留地告诉他，并会通过这个过程彼此成为好朋友，为二次购买打下基础。客户同时还能成为我们销售人员的中间人，帮他介绍其他购买者。

5. 高情商沟通者

与客户的交流就是情感沟通的一个过程，任何洽谈都不应该在生硬而死板的氛围中进行，否则交流的结果必然是在生硬而简短的几句话中结束，也无法达成有效沟通。正确的处理方式是要能通过情感的演绎和渗透来感染客户的情绪。

因此，金牌销售人总能够调动客户的情绪，主导客户的情感，诱导客户成交。从这个角度来看，销售人员必须是一个高情商沟通者，要能够调动谈话气氛，善于利用自己的情感诉求来感染客户的情感诉求，使得双方的诉求都能够在一种真诚、友善、愉快的环境下得到充分表达，在一种轻松、愉快、感情融洽的氛围中自由交流，这样的交流无疑最有效，也是最容易让客户接受的。

6. 倾听者

能够与客户聊天，无所不谈，无所不知，表达你的幽默情趣，展现你广泛的知识面，取得共同语言。销售人员应该上知天文下知地理，这句话可能有点夸大。但我想表达的意思是，销售人员必须尽可能多掌握一些知识，因为我们所面对的客户有很多种，而我们必须与每一个客户都能达成有效沟通，找到共同话题。

因此，金牌销售人员一定是知识面最广的，他们时刻关注客户的爱好和习惯，从而找出与客户的共同话题，通过共同话题来引起客户的兴趣和注意。当然，我们也不可能成为百科全书式的学者，但有一点就是，销售人员要善于学习，你可以不精，但要通过不断的学习来扩大充实自己的知识面。

作为销售人员，如果让客户对自己产生好感，首先就是正确认识，准确定位，让自己充分融入客户的情感世界中。

2.2　情绪效应：以正面的情绪影响客户

心理学知识索引

情绪效应，又称情感效应，是指人的情绪是可以传递的，从一个人传递到另一个人，从而传递到身边更多的人。正面情绪有积极作用、而负面情绪起到的往往是消极作用。倘若一个人以正面情绪影响对方，那么，对方的情绪也会高涨起来。

由情绪效应可以得知，情绪会在人与人之间相互"传染"。倘若你以正面的、积极的情绪与对方交往，对方往往也以更积极的言行回应，倘若以负面的、消极的情绪交往，那么，对方情绪也是负面的、消极的，最终结果只能向更糟的地步发展。

对于销售人员来讲，能否取得好成绩，能力诚然重要，但情绪的控制也不可忽视。懂得控制自己的情绪，是高情商的表现，销售人员每天要与各种各样的客户打交道，无论是两手空空，还是满载而归，都要有一个积极的心态，乐观地对待每个人，每件事情。

案例

小云是一名保险推销员，在她的推销生涯中，遇到过各种各样非常难缠的客户。甚至有时候客户会对她大吼大叫，但是她仍能面带笑容地去面对。

一天，她去已拜访一位纺织厂的老板。

小云："先生，我是××保险推销员小云……"

第2章
看懂客户心里小秘密，让沟通化被动为主动

客户："又是保险？不就是对面大街上那个吗？几年来，我一直拒绝购买你们的保险，你不知道吗？一定又是新来的吧。"

小云："是，虽然我不知道您为什么一直拒绝，但是我知道您从来没有认真地去了解一下我们产品，这次可不可以给我一次机会？"

客户："我已经给过你们机会，但是你们的产品并不能令我满意，你还是回去吧。"

面对客户的拒绝，尽管小云心里很烦，很无奈，但仍很镇静，面带笑容，津津有味地听着。

等客户把所有的抱怨说完之后，小云说："正如您说的，我是第一次拜访您，也许以前你了解过我们的产品，但是我不知道你了解得如何？先生，对于您的情况，我也有过一些了解，听说您一直热衷于慈善事业，我认为这就是一个不错的想法。我们公司有一款险种，可以保证您有限的资金投入到无限的慈善事业当中去。"

客户听了小云的话，态度发生了改变，似乎想急切地知道："那是一种什么保险？"

小云："这是详细的报告说明，您可以先看看，我们公司一定能为您提供满意的产品。"（自信的说法）

客户："是吗？"（接过说明仔细地看起来）

接下来，足足有十分钟客户在谈与业务有关的事情。

案例中这位推销员在客户断然拒绝的情况下还能保持积极、乐观的情绪，不断地与客户交流，实在不易。其实，也正是这种情绪在感染着客户，使其再次参与到谈话中来。这说明该销售人员自我调节能力十分强，没有被客户的坏情绪所影响。换个角度看，如果一遭到客户拒绝就泄气，打退堂鼓，或者在交流过程中，一点也不兴奋，这场谈话则会不了了之，草草收场。

销售人员的情绪始终在影响着客户，要想获得更好的业绩就必须保持正面的情绪，自信、乐观、幽默、富有激情，用自己的正面情绪营造融洽的谈话气氛，

金牌销售赢得客户心理的八大关键

建立起客户对自己的信任。金牌销售人员成功的秘诀就是，无论处于什么情况都能保持激情，并且能用自己的激情去感染客户。

保持正面情绪是优秀销售人员必备的素质之一，如果总是能以积极、饱满的情绪去与客户交流，营造一个融洽的气氛，无形中就会促使客户也处于兴奋的状态。否则，客户情绪被抑制，积极性不高，就很难做出有利于成交的决定。然而，保持良好的情绪并不是件容易的事情，毕竟人都有喜怒哀乐，不如意事十有八九。更何况在实际推销中还会经常遭到客户的拒绝、误解、奚落等，很多销售人员会表现得情绪低落。那么，销售人员如何保持正面情绪呢？可以从以下三个方面入手，如下图所示。

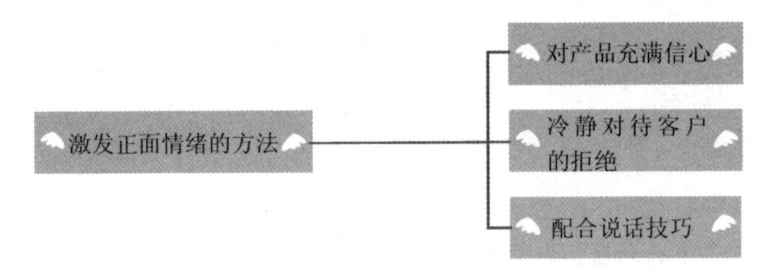

```
                          ┌─ 对产品充满信心
    激发正面情绪的方法 ────┼─ 冷静对待客户的拒绝
                          └─ 配合说话技巧
```

1. 对产品充满信心

过硬的产品质量是销售人员保持正面情绪的源泉，相信自己的产品，才能在与客户交流的时候拥有积极向上的态度，说话有底气。这种良好情绪也会影响到交谈的客户，使对方愿意与你交流，愿意接受你，相信你，从而也增加了成功的机会。说话有没有自信，会出现两种不同的结果。

2. 冷静对待客户的拒绝

拒绝对一个人的伤害是很大的，在生活中，有的人因为别人的拒绝再也没有与对方说话的勇气。而销售中的"拒绝"则不同，它有着特殊的含义，所谓的拒绝不是断绝来往，相反，可能是一种机会。在与客户交流的过程中，大部分客户都会首先拒绝，也许是出于一种自我保护心理，也许是出于对产品的不了解，也许是在表达内心的一种不满。总之，在面对客户拒绝时必须克制、冷静，并主动去打破僵局，创造良好互动的机会。

3. 配合说话技巧

保持良好的情绪，除了调整心态外，还要注意一定的谈话技巧。比如语速、音调、语气都要协调，有意识地运用能激发正面情绪的语句，比如信心、诚实、希望、乐观、勇气、进取、慷慨、容忍、机智、诚恳等。在谈话时，有意识地运用这些词语，再加上抑扬顿挫的语音语速变化，有利于正面情绪的激发。

2.3 被尊重心理：及时表达对客户尊重之情

心理学知识索引

马斯洛曾提出一种需要理论，该理论认为："人人都有获得尊重的需要，即对力量、权势、信任、名誉、威望的向往，对地位、权利、受人尊重的追求。"谁能最大限度地尊重自己，谁就能获得更多好感。

每个人都有一种渴望被尊重、被认可的心理。全面了解人的这种心理，有利于在与人交往中更好地把握对方的心理活动，遇到问题也可以及时疏导、对症下药。

对待客户也一样，我们要始终如一地尊重他们，理解他们，这是决定能否获得客户认可和好感的重要影响因素。有很多销售人员埋怨客户拒绝接受自己。为什么会出现这种情况呢？根据一项调查发现：70%的客户因为非产品因素而拒绝购买，其中高达20%的人认为是"不受销售人员重视"。

案例

一位汽车推销员负责豪华车的销售，他的业绩在全公司是最好的。之所以会这样，最主要的原因就是他对待每位客户都非常尊重，几年来，每见到一个客户，他最喜欢说的一句话就是："买不买车没关系，大家交个朋友嘛！"

他是这么说的，也是这么做的，走进汽车展厅里的每一位客户都成了他的朋友。有一个同事曾经问过他："豪华汽车的购买者通常比较苛刻，你是怎么处

金牌销售赢得客户心理的八大关键

理的？"

"我卖的不是车而是尊重，作为销售人员重要的是尊重每位客户，为每位客户提供最好的服务。"

尊重，在沟通中非常重要，在与人交往过程中都希望得到对方的认同、尊重，没有人会希望被别人看不起。销售人员要学会尊重自己的每一位客户，无论是老客户，还是有意向的客户，或者是潜在客户，都一定要重视，并心怀感激。对于客户的失误、过错，要表示理解和宽容，并想办法采取措施及时补救。如果是自己有错，那就应该大方地说声"对不起"，让客户感觉赚足了面子，这样，客户会从心底里感激你。

金牌销售人员都特别懂得尊重客户。然而，尊重不仅是一句口号，更是一种行动，需要用语言表达出来的同时，言行举止上也必须到位。那么，如何向客户表达尊敬之意呢？具体如下图所示。

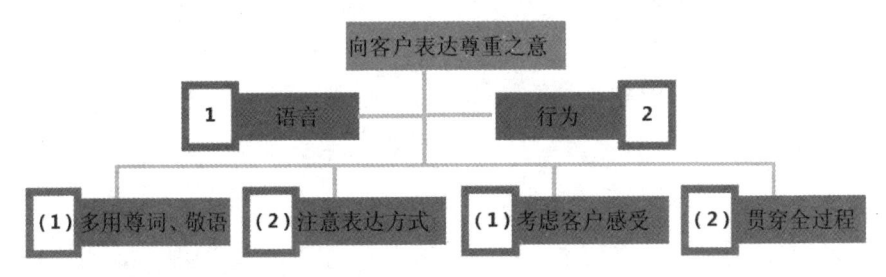

```
               向客户表达尊重之意
            ┌──────────┴──────────┐
         1 语言                 行为 2
         ┌───┴───┐           ┌────┴────┐
    (1)多用尊词、敬语  (2)注意表达方式  (1)考虑客户感受  (2)贯穿全过程
```

1. 语言方面

（1）多用尊词、敬语

我国的语言文化博大精深，不同的措辞传递着不同的信息，表达尊敬之意时最好多用些尊词、敬语，比如久仰、敬仰、恭敬、敬重、敬爱、崇敬、尊崇、爱戴、推重、推崇、敬佩；贵公司、贵厂、贵方等。

销售人员在向客户表达尊重之意时，要选择使用尊词和敬语，多使用一些富有积极含义的词，少用一些消极的。

（2）注意表达方式

在与客户沟通时要注意表达方式。比如，双方预定中午十点在某个地方会面，而客户比你早到，你可以说"非常感谢您的耐心等待"，不可直接说"很抱歉让您久等了"。因为"抱歉、久等"实际上是无意识地强化了"久等"这个词语。而换成了"耐心",就没有"久等"这个意思,而是强调"耐心"。

因此,销售人员在说话的时候,表达方式非常重要,针对不同场合、不同对象,应该适时调整表达方式和言辞,以便谈话能顺利进行下去。

2. 行为方面

(1) 时刻站在客户立场,充分考虑客户感受

俗话说"说者无心,听者有意",双方在交流过程中,经常会出现词不达意,表达不一致的情况。由于用词不当,说话的一方或许觉得无所谓,但另一方却无形中受到了伤害。销售人员也经常遇到这样的情况,虽无恶意,但客户却有受侮辱、被讽刺和被取笑的感觉。这主要与销售人员在说话的时候没有充分考虑对方的立场有关。

例如,客户正在犹豫是否要购买,销售人员千万不可一味地催促,而是要考虑一下对方犹豫的原因,是认为价格高,暂时没需求,还是其他原因等。销售人员必须学会站在对方的处境考虑问题,不要只是凭着自己的感觉去说话。

(2) 将对客户的尊重贯穿于整个销售过程中

有很多销售人员认为尊重客户是销售过程中一种额外服务。也就是说,是一个可有可无,无关紧要的环节。其实,这样的想法是错误的,一个金牌销售人员要把对客户的尊敬贯穿在整个销售过程中,拜访,与客户沟通,成交,回访等每个环节都要体现出来。从时间上看,对客户尊敬包含销售前、销售中、销售后回访的全过程。具体做法如下表所列。

销售阶段	具体做法
销售前的拜访	向客户表达问候,提供产品信息和服务建议等,以鼓励客户购买产品或服务,建立更为融洽的合作关系
销售中的与客户沟通	准确表达自己的诉求,同时虚心接受客户提出的要求,为最终成交提供一切便利条件。以最大程度符合客户的预期,满足客户的需求

续表

销售阶段	具体做法
销售中的成交	向客户提供符合标准的产品与服务，促成愉快的购买体验，让客户亲自体验产品带来的实际利益或精神快感，并向客户的合作表示感谢
销售后的回访	购买后的客户关怀活动，应该围绕高效跟进和圆满完成产品的维护和修理的相关步骤，产品使用后的建议和投诉等展开

2.4　变色龙效应：与客户保持言行上的一致

心理学知识索引

人们在言行上，经常无意识地模仿他人，包括姿势、语言、面部表情等。巴奇和查特朗发现，在与人交往的过程中，如果对方模仿了你的手势或者身体姿势，说明对方会更喜欢你。同样，你有意模仿他的动作或语言，也会引起对方对你的好感。

关于"变色龙效应"有一个测验：数名参与者被安排在一个房间，与同一名陌生人谈论关于一张摄影作品。在交谈过程中，一部分测试者被告知模仿陌生人的面部表情、肢体动作等，另一部分则告知不许有任何模仿行为。试验结束以后，让陌生人就与参与者的交流顺畅性、本人好感度打分（两项分数在1到9分之间）。具体如右图所示。

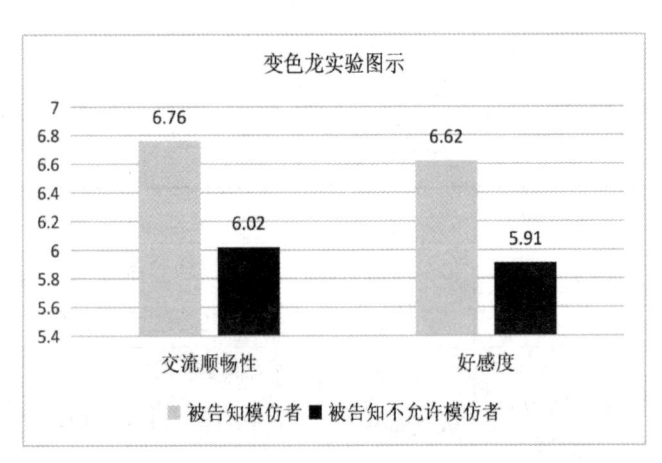

变色龙实验图示

	交流顺畅性	好感度
被告知模仿者	6.76	6.62
被告知不允许模仿者	6.02	5.91

第 2 章
看懂客户心里小秘密，让沟通化被动为主动

结果显示，被告知模仿的那部分人得分较高，交流顺畅性平均得分 6.76，好感度平均得分为 6.62；被告知不允许模仿的那部分人得分普遍较低：交流顺畅性平均得分为 6.02，好感度平均得分 5.91。两项目数据尽管看上去差距不大，但对于几乎难以察觉的微妙行为变化来讲，这种差距已经非常显著了。

这说明模仿他人的表情、动作、语言，可以引发对方的好感。销售人员经常与人打交道，可能会发现这样一种现象：有些客户在说话的时候，会习惯性地做出某种手势或表情，对此你千万要放在心上。因为，如果你善于模仿客户的习惯性的语言、手势、表情等，可以让整个沟通变得十分融洽，有利于交流的顺利进行。

关于这个实验的结论，某公司的营销员小王的经历能够证明。

案例

我曾经接待过一位年长的男客户，当时，客户来店里购买剃须刀。客户在挑选过程中，不断讲述之前的剃须刀是如何如何不好用，并用手频繁地做刮胡子的动作。最初，我没有注意到这一点，只是介绍自己的产品特点、功能，但他的兴趣似乎并不是很大，最后态度也越来越冷淡。

后来，我让他特意重复一遍之前的话，并有意识地去模仿他之前做出的动作。顿时，他眼睛一亮，立刻回应道："就是，就是这样……"这个回应使我意识到模仿的重要性。在接下来交谈中，我还特别留意客户的肢体语言和表情，并尝试着模仿。

很快，我发现我与他的心理距离拉近了，客户也好像找到了共同语言，向我倾诉着自己的烦恼和期望。结果与预期的一样，客户很快决定购买，且迟迟不肯离去，依然和我在那里闲谈，就像老朋友一样。

这次经历给了我很大启发，以后在与客户交流时，特别留意他们的面部表情、肢体语言等，目的就是更好地模仿。

当模仿客户时，能向客户传达出这样一种信息：他跟我有共同的感受，有共同的体验。于是彼此间就有了共性，说起话来也就更自然、更加投入。那么，

金牌销售赢得客户心理的八大关键

具体如何模仿呢？当然不是一举一动、一颦一笑都机械地照搬。模仿也是分层次的，从浅到深大致可分为两个层次，具体如下图所示。

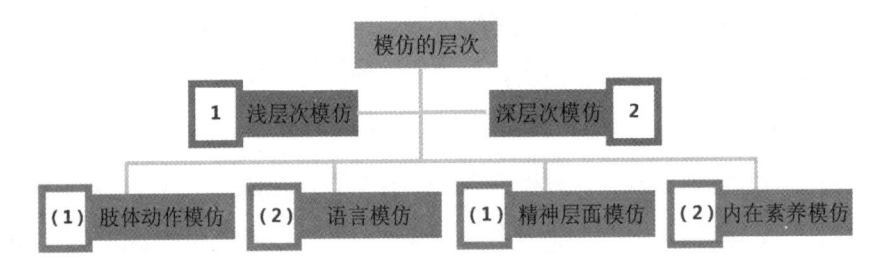

```
              模仿的层次
        ┌────────┴────────┐
    1 浅层次模仿        深层次模仿 2
    ┌──────┴──────┐    ┌──────┴──────┐
(1)肢体动作模仿 (2)语言模仿  (1)精神层面模仿 (2)内在素养模仿
```

1. 浅层次模仿

浅层次模仿主要体现在肢体和语言上，是最低层次、最机械的一种模仿。比如，如果非常焦急，会不时地来回踱步、皱眉、搓手等，如果你能做出相同的表情和动作，会让客户感到一丝安慰，毕竟还有一个人分担他的焦虑。

另外，行为层次的模仿还包括语音、语调、语速上的模仿，若对方说话速度快，你要适当加快，若对方不缓不慢，你也要适当放慢语速。总之，要尽量跟对方保持相近的语速，同一个腔调，使谈话保持在同一个节奏上。

值得注意的是，行为层模仿虽简单，但不可随意模仿。比如，客户做出的某个肢体动作释放的是负面信息，是大多数人不提倡做的，这时可千万不要模仿，否则会伤及对方。当然，当客户出现带有负面信息的语言时，我们有必要对其进行引导，及时纠正。

2. 深层次模仿

相对深层次的模仿是精神层面和内在素养的模仿，这种模仿建立在对客户有深入了解，甚至有些崇拜、仰慕的基础上。比如，我们经常看一些模仿秀节目，有很多人模仿自己偶像唱歌、跳舞，以及其他才艺等，这种模仿已经突破了外貌、语言上的简单模仿，一些更深层的，如精神状态、内在修养等也都有了很高的相似性。

当然，做销售不是模仿秀，我们也没必要完全模仿客户的所有。但为了建立与客户更多的相似性，至少要在他们喜欢的领域努力靠近。比如，客户是个历史通，酷爱打篮球等，那么，我们就可以多学习历史知识，多掌握一些打篮球的技巧。这种相似性不是单纯地模仿，但的确是模仿的延伸，因为你只有努力去模仿，才能快速地掌握并领会。

模仿是动物的一种本能，刚出生的小鸡就能站起来跟随母鸡去觅食，幼小的黑猩猩能模仿成年黑猩猩用一根蘸水的树枝从蚁穴钓取白蚁，这都是动物与生俱来的模仿本能，属于先天性行为。人作为在本能与理想、欲望与价值冲突中可以自由取舍的高级生物，可以更好地驾驭模仿能力，并且顺利达成模仿的目的。

2.5　暗示效应：给客户以积极的暗示

心理学知识索引　心理暗示是指在无对抗的条件下，通过语言、行动、表情或某种特殊符号，对他人的心理和行为产生影响，使他人接受暗示者的某一观点、意见，或者按照被暗示的方式活动的一种过程。

暗示效应在日常生活中随时可见，例如，在一个封闭的场合，一个人咳嗽，许多人也跟着咳嗽；一个人打哈欠，许多人往往都会跟着打；听音乐时，自己也情不自禁地跟着旋律动起来。其实，这都是心理学上的暗示效应在作祟，这种效应可间接对他人的心理状态产生影响，从而使对方不知不觉地产生与原人（物）相对一致的行为。

心理暗示有很多方式，比如，语言、行为、表情等，尤其是语言暗示，对人的心理影响非常大。比如，医生对患有重病的病人说，"问题不大，只要按时服药就可以"，那么，在这种心理暗示下，病人会立刻觉得身体没那么非常舒服了。在收款业务中，很多客户总是以各种理由来赖账，对于这种老赖客户，销售人员就应该不断地给他们积极的心理暗示，让他们感觉到按时付款是应该的。

金牌销售赢得客户心理的八大关键

案例

小张是一位净化器设备推销员，按照合同客户分期支付设备款项，每年定期交付一定数额的货款，外加一年的服务费。这就为小张的收款带来了一定难度，因为这位客户总不能准时支付货款。

为此，他寻找各种机会接近客户，以各种方式给客户以提示：您该付款了。

小张："王经理，这是最近一次机器设备服务清单，请您验收一下，另外按照规定，你需要出具一下合同，确定一下我们的服务质量。"

客户："不用这么麻烦吧，我知道你来过了。"

小张："王经理，这是公司规定，有些事情您还必须过目，我们还是按规定办事吧。"

客户："好吧。"

王经理打开合同后，首先看到的是应付货款。

小张在跟进拜访中，时时不忘暗示客户"应付的货款"，让王经理知道该付款了，不好再推托。

在交易前，合同上尽管有明确的交货和付款日期，可有些产品受到外在因素的影响，很多客户趁机会扯皮。为了防止这种情况发生，销售人员在每次送货之后，都要找相关负责人对一次账。不论有没有到约定的付款期，先把产品的价款明确下来。

那么，如何给客户以积极的暗示呢？常用的方法有以下三种，如下图所示。

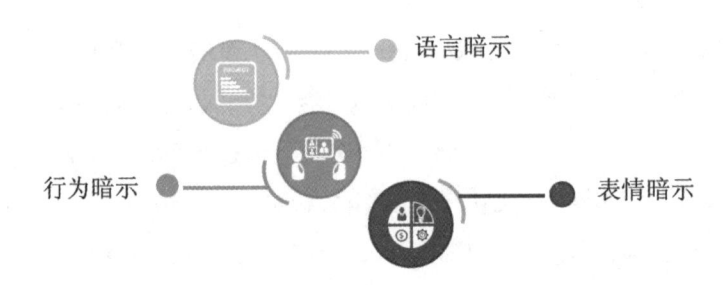

- 语言暗示
- 行为暗示
- 表情暗示

第 2 章
看懂客户心里小秘密，让沟通化被动为主动

1. 语言暗示

语言交流是销售人员与客户沟通和互动的主要方式。销售，更多表现为一门语言的艺术，这门艺术不是指自己多会说，而是引导对方去说。自己会说不算什么，引导客户说话，这才是销售人员的功夫。因此，在语言交流中暗示非常重要，有些话无法明确讲出来，可以间接地暗示对方去说。

2. 行为暗示

威廉·莎士比亚曾经说过："沉默中有意义，手势中有语言。"这句话一语道破了动作传情达意的作用。动作，简言之，就是指通过手、头、脚、四肢等不同部位的动作来进行沟通。身体也会说话，它无声的语言滔滔不绝地透露出你的内心。故而，一个成功的营销人员，需要掌握必要的身体语言知识。

这时候动作暗示就显得尤为重要了，销售人员要学会用肢体动作暗示客户，使客户更快地理解产品。比如，在向客户展示产品时，可一步一步地演示，关键之处还可放慢速度，做些特别的动作着重强调。

3. 表情暗示

表情暗示是一种辅助性方法，它常常配合语言或动作进行，无论是讲话还是做某个动作，往往都会相应表情的辅助。

如倾听客户讲话时，微笑地注视着他们，那么，这个微笑的表情就是一种暗示，代表着肯定和赞许。客户从你的神情能看到这层意思，所以，表情暗示也是一个客观实在的态度暗示，具体体现在精神状态上。

2.6 海格力斯效应：对客户的拒绝要善于引导

心理学知识索引

这个效应源自于古希腊一个神话传说。大英雄怒打仇恨袋，袋子原本很小，结果被打后反而不断膨胀，最后大英雄也拿它没办法。这说明，仇恨就像膨胀的袋子，如果你忽略它，它就不存在，越来越小，甚至消失；如果一味敌视，与它过不去，它就会加倍报复。

金牌销售赢得客户心理的八大关键

在希腊神话中，有位英雄大力士叫海格力斯。一天，他在回家的途中，看见脚边有个鼓起来的袋子，他怀着好奇之心踩了那东西一脚。谁知那东西不但没破，反而膨胀起来，并成倍增大。这把海格力斯彻底激怒了，他操起一根碗口粗的木棒狠狠砸向那东西。不料，那袋子竟一直膨胀吸取，直到把路堵死。海格力斯非常纳闷，这时一位圣者出现，对他说："朋友，快别动它了，忘了它，离它远去吧。它叫仇恨袋，你不惹它它便会小如当初；若侵犯它，就会膨胀起来，与你敌对到底。"

日常生活中，每个人因生活压力、工作不顺、考试失败等原因心情不好，生闷气，甚至抑郁。这些负面情绪就像海格力斯所遇到的仇恨袋，是具有伸缩性的，开始很小，如果忽略它就会自然而然地化解；但如果总是与它过不去，对抗它，敌视它，它就会加倍地报复你。

销售中这样的现象比比皆是。销售人员在提出拜访目标客户的要求时，经常会遭到对方的拒绝，尤其是陌生客户，即便你十分热情，百般劝说，还是会被无情地拒绝。这时，如果你与客户互相指责，互相埋怨，不懂得去化解，那么便会心生怨气，使矛盾进一步升级，反而会加深了彼此间的误解。

案例

小严是一家服装店的导购，一天一位漂亮的女士走进店内，看上了一款皮大衣，她拿起大衣对着镜子来回比划，似乎非常感兴趣。

小严见状忙迎了上去："小姐，这件大衣非常适合您，您看款式，腰身，就像是为您量身定做的。"

客户又照照镜子："真的吗？其实我也觉得不错。"

"那就试一试吧。"说着，小严帮着客户穿上了衣服。这位客户站在镜子前左看右看，显得非常满意。小严也满心欢喜，以为大功告成。当提到价格的时候，对方突然改了口，说："明白了，我再考虑考虑。"

小严急忙说："刚才那件皮大衣真的非常适合您，而且这款大衣现在卖得非常火，我们店内也仅存一件了。"

第 2 章
看懂客户心里小秘密，让沟通化被动为主动

"我考虑好了再跟你联系，请你等我的消息吧。"听了这话小严有点不高兴了，脸色突然变得难看起来，嘟哝着："没诚意购买，还试来试去的。"客户听后更加生气，转身就走了。

类似"以牙还牙""以其人之道还治其人之身"这种狭隘心理是"海格力斯效应"的表现。这种怨怨相报、致使仇恨越来越深的心理并不是好现象，作为销售人员千万不可有。对于销售人员来说，客户的拒绝如同家常便饭一样，时时刻刻都会遇到。试想，一个陌生人突然拜访，要你掏钱购买他推荐的产品，在对其没有了解甚至毫不知情的情况下，想必任何人第一反应都会是拒绝。

每个销售人员对待客户拒绝的态度都不同，有些销售人员丧失斗志，信心全无，而有些销售人员则会从中受到更大的鼓舞和动力，因为他们知道，客户的拒绝是习惯性的，这种拒绝并不代表他们否定你的产品和服务。那么，作为一个销售人员应该以什么样的态度对待客户的拒绝的呢？采取什么样的态度，将决定着得到什么样的结果。

★ 案例

小黄毕业后进入一家纺织公司从事推销工作，这家公司对新员工要求非常严格，必须先对推销知识、与客户沟通方法进行一段时间的培训学习。接下来随同销售主管到实践中锻炼，最后经过总经理批准，才能正式上岗。经过前两个阶段的学习，小黄对自己的工作有了一定的了解，到总经理审批阶段，小黄非常担心，因为他听说很多新员工都倒在了这最后一关。

小黄把这次面试当做一次生死考验，非常自信地走进了经理办公室。令小黄想不到的是，这次面试很简单，经理只说了一句话："你被解雇了。"

总经理的话如同晴天霹雳，让小黄感到震惊。然而，震惊之余并没有失去方寸，他依然镇静地问经理自己被解雇的原因。其实，总经理的目的并不是真的要解雇小黄，而是以一个客户的身份，考验在被拒绝的情况下，小黄会采用一个什么样的态度来应对。最终，小黄积极的、不放弃的态度令总经理非常满意。

这就是最后一道考验，如此简单，竟难倒了那么多面试者。同样的道理，

金牌销售赢得客户心理的八大关键

很多时候客户的拒绝并不代表一种否定。相反，这表明他对产品有了一定的兴趣，这就是包含着成交的希望。而且，客户提出拒绝的同时也暗示我们他拒绝的个中原因，这就有助于我们按病施方，对症下药，及时根据客户的情况进行处理。由此可见，当你遭到客户拒绝的时候，一定不要泄气，而是更加有信心，以一个更加积极的心态去面对。

客户拒绝了你，你再去记恨客户，只会导致更多的隔阂；但是如果你善于去化解拒绝，引导客户说出拒绝背后的原因，那么很多事情就会变得容易得多。那么，如何来化解客户的拒绝呢？可以分三步走，具体如下图所示。

第一步	第二步	第三步
面对客户的拒绝，首先要做到不恐惧，不惊慌，不愤怒，以一颗平和的心态去面对。	集中注意力倾听，认同对方的拒绝，意在告知对方（我正在听你）讲话，正在设法了解你的需求。	在倾听的基础上，寻找适当的机会，诚恳地与客户讨论问题，并试图达成一致。

根据实践得出，大部分客户在接到电话的那一刻都会直接拒绝。比如，没必要、没时间、没计划、没预算等，这些拒绝成为很多销售人员的最大障碍。大部分销售人员害怕被拒绝，一旦遭到客户拒绝就感觉十分丢人，没面子，甚至从此以后一蹶不振。

其实，拒绝并不可怕，可怕的是你不会以更好的方式化解拒绝，处理拒绝。做好以上几点，才能真正赢得客户的尊重、信任和肯定，并有助于最终化解拒绝，实现销售目的。

第 2 章
看懂客户心里小秘密，让沟通化被动为主动

2.7 化整为零：将客户的负面认知降到最小

心理学知识索引

整体是由相互联系、不可分割的若干要素环环相扣构成，处理起来相对复杂、烦琐。化整为零是把一个整体分成许多零散的部分，使复杂、烦琐的整体简单化，以达到高效率的结果。

很多销售人员都遇到过这样的困扰，客户总是以各种各样的理由拒绝。其实，这种拒绝很盲目，大部分客户是出于一种心理抵触，自然而然对所有陌生人有一种心理戒备和防范。

对于客户来讲，销售人员就是"不速之客"，这是非常正常的状态。试想，如果你突然接到一个陌生电话，一封电子邮件，一条 QQ/ 微信信息，本能反应是什么？第一时间会认为这是一种干扰，且多数情况下会直接拒绝，或置之不理。同样，客户对来自陌生销售人员的信息会有一种本能反应：拒绝。从心理层面来看，这种拒绝并非是真正的不接受，因为不了解，接受与不接受尚无从谈起，最常见的是由于潜在的自我保护意识，让自己不受外界的打扰、侵犯和支配。

客户的拒绝常常是不能真实地反映其内心想法的，因此，作为销售人员不应该排斥或感到恐惧。相反，要持欢迎和支持的态度，采用化整为零的方法，耐心说服客户，使其克服心理上的障碍，将异议、不满，或者他们认为可能存在的"担忧"降到最低。

例如，当客户以"没时间"为由拒绝时，采用化整为零的方法，告诉对方这次并不会占用他太多的时间，且在有限的时间内有超预期的收获。

客户："我现在忙，没时间听你说那么多！以后再给我打电话吧。"

销售人员："王总，我特别理解，时间对您来说非常宝贵。不过，我这次仅占用您三分钟的时间，三分钟后你就会相信我们的谈话绝对值。"

金牌销售赢得客户心理的八大关键

再如,有些客户以"价格高"为由拒绝,也可采用化整为零的方法应对,目的是向客户说明价格的合理性。

客户:"这款饮水净化器的价格为什么这么贵?"

销售人员:"这款净化器确实贵了点(1080元),但性价比却非常高。您看,它的使用期限(一年内不用任何维修、更换和保养)比同类产品长一倍,合算下来,一天的费用平均不到三元钱。现在三元钱连一瓶好点的矿泉水都买不到,而这则三元可以时时刻刻无限次地喝到同等质量的水。"

我认识一位销售人员张红霞,她是为高端人士提供专业化的资产管理、增值服务的,所采用的就是这种方法。下面我们就来看一下他们的部分对话。

案例

客户:"我这段时间实在太忙,没有时间接待你,要不咱们另约时间。"

张红霞:"林先生,您作为一家企业的主要负责人,我知道您的时间十分宝贵,我也十分抱歉一次次地打扰到您。但是,这次谈话不会耽误您太久,而且还有可能给您带来工作效率上的提升,为以后的工作节省更多时间。"

客户:"好吧,我看你能说出什么花样来。"

张红霞:"林先生,您事业有成,肯定有很多资产,但您想过让资产翻倍增值吗?"

客户:"当然,我投资了很多理财产品。"

张红霞:"那只是其中一个方面,而且是最大众的方法,适用于资产较少的人。我这里可以提供一个更科学、综合性更强的资产增值方法,可以说目前全球身家在几亿、数十亿、百亿的人都在用,在他们的晚年,甚至百年之后,资产仍可以作为一笔巨额财产遗留给后人。"

客户:"您可以说得具体些。"

张红霞:"这是我们公司做的整体方案,您可以先看看了解下,当然,最后会根据您的需求提供定制服务。"

张红霞的一番话,让客户脸上露出一丝笑容,最后说道,"你的建议听上去很不错,我以前确实没有想到过如何更系统地打理自己的资产。这样吧,资料先放这,我抽空一定会看,咱们时刻保持联系。"

就这样,这位客户日后成为张红霞的一名忠实客户,将80%的个人资产交付于她。

张红霞成功说服了客户,轻松打开了僵局,短短几分钟便转变了客户原来冷漠的态度。其中最关键的是针对客户的"没时间",采用逐步分解的方法将时间化整为零,使客户没有明显感觉到时间在浪费。

那么,如何更好地去表述这句话呢?通常来讲,要注意以下三个要点。

1. 承认客户话中合理性的部分

既然已经确认客户"没时间"是一种借口,一个谎言,那么,不妨先认可客户的说法。

比如,当客户说"我这段时间比较忙,没有时间"时,你完全可以顺着说下去:"的确是,作为公司负责人没有一个不忙的。忙,说明公司的效益非常好。为了节约你的时间,我建议今天只花十分钟谈谈这件事,好吗?"

或者说:"这样吧,我觉得您真的非常忙,我也很不愿意占用您宝贵的时间,但我必须给您打这个电话,如果我们今天不谈,我明天会继续打电话给您。"

这样说马上会让客户为自己的撒谎行为感到释然,有的销售人员可能会害怕客户生气,或者其他原因不愿戳破这层谎言的砂纸,怕这样会让客户感到很没面子,更重要的是可能会因此而永远失去机会。

2. 告诉客户能你能提供什么有价值的东西

客户十分在意时间,作为销售人员就要让客户觉得所花费的时间很值,即要明确告知客户为什占用他的时间,在这段时间能带来什么有价值的东西。

比如,你可以这样说:"我只占用您三分钟的时间"三分钟的时间谁也有,客户也许会非常爽快地答应你。但是你一定要客户在这三分钟内让对方能感到有所收获。

或者说："先生，美国富豪洛克菲勒说过，每个月花一天时间在钱上好好盘算，要比整整三十天都工作来得重要！我们只要花三分钟的时间！麻烦给我一个介绍产品的机会？"

3. 说明拖延的坏处

拖得越久越不利于成交，因此当客户试图以拖延来延缓成交时，要直接告诉客户拖延的损失和坏处。

比如，客户："我这段时间比较忙，没有时间。"

销售人员："我们都知道，有些事情可以等，但有些事实在等不起。将来一些事故的发生会给我们带来损失，但任何人都无法预知未来。因此，投保刻不容缓，否则一旦有事发生就来不及了。"

或者对客户说："今年发生了那么多灾难，很多人都说：'早知会发生这种不幸，应该多保一点。'可惜，到灾难发生时就已经来不及了。所以凡是需要的，都应当及早作决定。"

2.8 肯定理论：引导客户做出肯定答复

心理学知识索引 每个人都希望得到他人的肯定和认可，事实证明，当我们用肯定的语气与对方交流时，往往能激发出对方极大的热情和意愿，从而彻底打开心扉，坦露内心最真实的想法。

"张先生，您需要了解一下我们的产品吗？""不需要。"

"刘总，您有时间了解一下我们的产品吗？""没时间。"

"王小姐，您对我们组织这次的活动还满意吧？""还行（多指不满意）。"

第2章

看懂客户心里小秘密，让沟通化被动为主动

大多数销售人员在于客户交流时，总会遇到以上情景，无论说什么，客户总爱以否定的形式做出答复。难道是他们真不需要，真没时间，真不满意吗？未必，只不过常人的心态是"我凭什么顺着你的话说"。

逆着来，对什么都拒绝，已经成为很多客户的习惯性心态。然而，对于销售人员来讲，可不能认为这是合理的，并一味顺从。一次否定，两次否定，否定次数多了，你就彻底被否定了，这样一来，势必失去进一步沟通的基础。因为在有些客户的潜意识里已经形成了一种条件反射，无论你如何说，说什么，横竖就是不加思考地否定。那么，面对客户的"不"，销售人员该如何应对呢？正确的做法是积极引导，引导他们做出肯定答复。

引导客户做出肯定答复，常用的方法是提问，通过问题引导客户给出肯定性的答案，避免否定性回答。只有肯定性答案才能促使客户做决定购买，试想，如果你的每提一个问题，对方都是以否定来作答，接下来谈话如何进行下去？在与客户沟通的过程中，销售人员应该多提一些具有积极意义、便于做出肯定答复的问题，以增强客户的认可度。

案例

问："意思是您同意我们提供的方案了？"

答："对。"

问："那么，这是专家为您量身定做的方案，也一定有助于提高贵公司的经营业绩了。"

答："我想，那是毫无疑问的。"

问："那么，您是否觉得把产品的加工得更精细一点，更有利于市场推广和销售呢？"

答："是的。"

问："考虑到您目前的生产情况，是否应该引进一些更有生产效率的设备呢？"

答："既然有帮助，那就应该引进。"

金牌销售赢得客户心理的八大关键

问:"如果按照我们的方案进行试验,并且对试验结果感到满意,您是不是就准备采用我们的设备?"

答:"对。"

问:"那么我们现在先签个协议?"

答:"可以。"

由此可见,只有通过不断提问,并诱导其做出肯定性的答复,主动说"是""对""是这样的",才能抓住时机,步步深入,引导客户最终认可你或产品。

从心理层面来看,人只有在做出积极、正面的肯定后,内心对一个人或物的认可度才可能逐步增强。引导客户做出肯定答复是肯定理论在实践中的具体应用,那么,销售人员该如何设计相关问题呢?至少要符合三个标准,如下图所示。

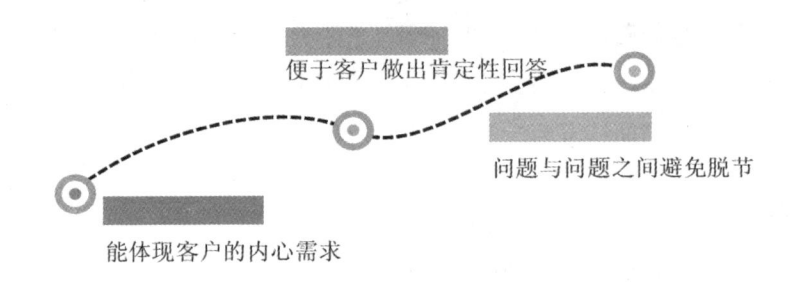

便于客户做出肯定性回答

问题与问题之间避免脱节

能体现客户的内心需求

1. 问题要能体现客户的内心需求

问题要能体现客户真正的内心需求,因为从根本上来讲,客户最关注的还是自己的需求。所以每一个问题都不能脱离这个核心。只有符合客户的心理预期,才能更进一步沟通,挖掘其真实需求。

2. 尽量便于客户做出肯定性答复

是否便于客户做出肯定性答复与提问的方式有很大的关系,有些销售人员在向客户提问时,对方很容易一口拒绝,这是因为采用的提问方式不太合适。

例如,在介绍产品的颜色时,如果问题"您喜不喜欢红色?"对方很有可能说"不喜欢",即使喜欢也不会直接表达出来,为加大谈判筹码一定会委婉表达些异议。如果换一种问法:"你认为红色的好些,还是白色的好些?"这样问,对方极有可能在红色和白色之间做出选择,其实无论答案是红色还是白色,都属于肯定性答复,有利于接下来的继续发问。如果说红色,可介绍红色的优势,如果答复是白色,则可介绍白色的好处。

3. 问题与问题之间要有连贯性

所提出的问题一定要注意相互之间的连贯性,即上个问题与下个问题之间要有紧密的内在关系,循序渐进,环环相扣,层层深入。如果每个问题都是相对独立的、脱节的,或者说几乎没有任何联系,那么,这场谈话就没有意义,因为没有一个明确主题,最终结果就是即使沟通了,也无法解决任何问题。

有的销售人员就是这样,只是一味地问对方问题,完全不顾客户能否接受,也不顾对方是否能够理解。所以,向客户提问时,必须明确谈话的主题,所有问题都围绕这个主题展开,当客户对上个问题做出答复之后,即可意识到下一问题可能是什么。否则,这场沟通就完全没有意义。

2.9 竞争优势效应:避免与客户发生直接冲突

心理学知识索引 人们在有相同的利益,或利益诉求一致时,往往会优先选择展开竞争,而后才会选择对各方都有利的合作,这种现象在心理学上被称为"竞争优势效应"。这种现象源于人与生俱来就有的竞争天性,每个人都希望自己比别人强。

心理学上有这样一个经典的实验:让参与实验的人两两结合,但是不能商量,各自在纸上写下自己想得到的钱数。如果两个人的钱数之和刚好等于100或者小于100,那么,两个人就可以得到自己写在纸上的钱数;如果两个人的钱数之和大于100,比如120,那么,他们俩就要分别付给心理学家60元。

结果如何呢?几乎没有哪一组的受试者写下的钱数之和小于100,当然他们都得付钱。

金牌销售赢得客户心理的八大关键

社会心理学家认为,人与生俱来有一种竞争的天性,每个人都希望自己比别人强,每个人都不能容忍自己的对手比自己强,因此,人们在面对利益冲突的时候,往往会选择竞争,拼个两败俱伤也在所不惜;就是在双方有共同的利益的时候,人们也往往会优先选择竞争,而不是选择对双方都有利的"合作"。

当客户否定你的产品或服务时,与你产生较大分歧时,你不妨退一步,尽量减少与客户发生争论。因为争论总要伤和气,伤感情,如果到了一发不可收拾的地步,也许你就把自己的后路给堵死了。所以,一旦遇到这种情况,先冷静下来想想,只要不违背原则,没必要执意与客户争得你死我活。

拉弓时,生拉硬扯很有可能把弓折断,张弛有度则可以射得更远。在与客户交流的过程中,以退为进是一种沟通技巧,一种沟通策略,表面是退缩,实质是进攻,后退是为了更好地前进。

案例

王鑫是某广告公司的推销员。这天她承接了一个单子,为某集团做CI设计。这个客户要得很急,王鑫在接到报价后,直接联系设计师加班加点,仅用了一周的时间就把设计图纸交到了客户手中。

客户看后对这份设计大为不满,表示拒绝支付后期尾款。被怒骂后的王鑫也是满肚子委屈,心想,自己加班赶点换来的却一顿怒骂。她越想越生气,于是与客户争辩一番,并指责客户,使事情变得更加严重。最终,公司出面调解才得以平息,当然公司承担了所有损失。

小松是某外贸公司的销售经理,在与美国客户的一项贸易洽谈中,他巧妙地运用了以退为进、善于示弱的策略。当时小松与外方公司就购进一批机器设备达成初步意向,可就在价格问题上双方争执不下。

与客户沟通中,外方代表要求降价,认为该公司的定价高于国际市场价,而且有漫天要价的嫌疑。小松也知道外方的要求是不利的,但是对方的态度十分强硬,经过几轮与客户沟通,始终没有一致的结论。小松表面上很镇静,心里却心急如焚。最后,他静静地只说了一句话:"这样吧,你们的要求我会慎重考虑的,

第 2 章
看懂客户心里小秘密，让沟通化被动为主动

不过此时我无法给你明确答复，等我向总公司申报后我们再谈。你看现在正值中午，我们双方都休息一下，明天再谈？"

小松不温不火的态度令外方代表再也无法承受，不得已同意暂时休会。

其实，此时小松已经有了自己的打算，想利用这点时间安排专人调查下外方之前的交易记录，以及这套设备的市场价、国际惯例等，以便掌握更多主动。

第二天，当再次展开谈判时，小松拿出了所有的证据，证明产品价格的合理性。在事实面前，外方只好取消这一无理要求。

在销售中，尽量避免与客户发生正面冲突是一种高情商的表现。因为，销售人员在任何时候必须尊重客户，当客户有不同意见时，与其争得面红耳赤、两败俱伤，不如平心静气，好言商量。上述两个例子正好说明了这个道理，小松的成功之处就在于很好地控制了自己的坏情绪，避免与客户发生正面冲突。

销售人员在与客户发生分歧的时候，适当地示弱可以争取更多的考虑时间，从而为接下来的客户沟通做更多的准备。尤其是那些比较强势、虚荣心强的客户，适当让步可以给足面子，满足对方的虚荣心理。在销售过程中，销售人员总会碰到一些客户，他们直截了当表达对产品的不满，斤斤计较，分利必争。碰见这种情况，销售人员就要善于做出些让步，避免发生直接冲突。

第3章

化解客户种种购买疑虑，激发客户潜在需求

客户在消费前往往会有很多疑虑，既有对产品的，又有对企业、销售人员的。这些疑虑是阻碍成交的最大障碍。作为销售人员要明确，疑虑是客户在购买前的一种正常心理，之所以有这种心理，是因为了解不够。这种情况下需要及时了解他们的心理状态，提出解决方案，以最大限度化解他们内心的担忧。

第3章
化解客户种种购买疑虑，激发客户潜在需求

3.1 喜好效应：抓住客户兴趣点，找到共同话题

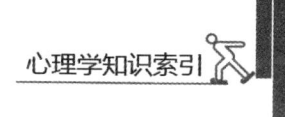

心理学知识索引

人都有自己的兴趣喜好，心理学认为，每个人都愿意与跟自己有共同爱好的人沟通。在与人沟通时候，如果能主动聊一些符合对方兴趣爱好的话题，如对方是个篮球迷，不妨就和他聊些关于篮球赛事的话题，十分有利于和对方拉近关系。

喜好效应告诉我们，要想与对方顺利交流，就要寻找到对方的兴趣点，找到共同话题。兴趣、爱好是连接沟通双方的纽带，能使互不相识的双方快速融入到谈话话题中去。

销售人员在与客户交流时，也需要抓住客户的兴趣点，正如销售大师杰弗里·吉特默曾说："假如你找到了与客户的共同点，他们就会喜欢你、信任你，并且购买你的产品。当与客户的交流越来越融洽之后，再切入到产品推销上来，则更容易达到成功。"

利用客户兴趣、爱好是一个非常实用的谈话技巧，只要能找到客户的真正兴趣、爱好，就容易建立共同的话题，从而为最大限度地挖掘客户内心需求奠定基础。

因此，销售人员约见客户，谈话之前就要明确对方的兴趣爱好有哪些，以确定共同的话题，尤其是初次见面，如果能找到一个恰当的切入点，能够以此来引起双方的兴趣，能迅速消除彼此的紧张感、陌生感。

那么，如何来寻找客户的兴趣点呢？可从以下三个方面做起，如下图所示。

1. 预先对客户进行调查研究

没有调研就没有发言权，要想对客户有足够的了解，销售人员在与客户展开正式的沟通之前，就需要花费一定的时间、精力对客户进行调研，包括客户工作、生活、社交、特殊习惯等。在调研的基础上，综合分析，确定可能存在的兴趣点。

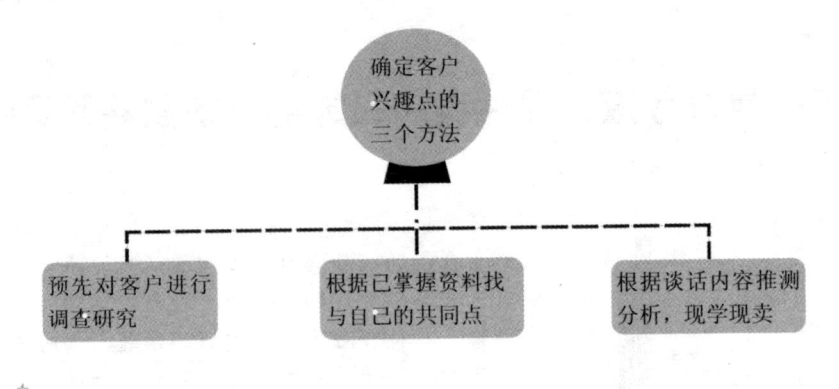

金牌销售赢得客户心理的八大关键

```
          确定客户
          兴趣点的
          三个方法
    ┌────────┼────────┐
预先对客户进行  根据已掌握资料找  根据谈话内容推测
  调查研究    与自己的共同点   分析，现学现卖
```

案例

小马是某公司的汽车销售人员，他在一次汽车展示会上结识了一位客户。可是，小马试图再次拜访时，对方却几次以自己工作很忙为由拒绝了。从几次谈话中，小马分析这位客户对越野型汽车十分感兴趣，而且经常和朋友一起到郊外练习射击。经多方打听，小马知道了这位客户经常去的射击场。于是，小马搜集了大量有关射击的资料，对周边地区比较有名的射击场进行一番了解，并且学习了射击的一些基本功。

当再次打电话时，小马对销售汽车的事情只字不提，只是告诉客户自己无意中发现了一家设施齐全、环境优美的射击场，邀请他一起去玩。周末，小马很顺利地在那家射击场见到了客户。小马对射击知识的了解让那位客户对他刮目相看，大叹自己"找到了知音"。在返回市里的路上，客户主动表示自己喜欢驾驶装饰豪华的越野型汽车，小马告诉客户："我们公司正好刚刚上市一款新型豪华型越野汽车，这是目前市场上最有个性和最能体现品位的汽车……"一场有着良好开端的销售沟通就这样形成了，最后，小马顺利地拿到了这份汽车订单。

与客户沟通，只有那些符合客户兴趣点的话题才可能引起对方的交谈欲望。因为，客户通常不会马上就对陌生的你，或产品兴趣。客户兴趣点的话题就像导火索，它可以点燃进一步交谈的火苗，然后再乘机引出自己的谈话目的。案例中的小马成功之处在于他提前寻找，并了解了客户的兴趣、爱好，在了解之后，努力培养自己在这方面的知识，从而与客户形成了共同的"兴趣"，这也是与客户会面后顺利取得信任和好感的决定性条件。

第3章
化解客户种种购买疑虑，激发客户潜在需求

2. 根据已掌握的基本资料找与自己的共同点

人与人之间总会存在某些共同点。比如，相同的年龄、性格、生活习惯、求学经历、工作经历等，这些相同点都可以作为谈资。这些虽然不可能全部是客户的兴趣点，但也绝对不是不愿意谈论的，如果实在没有发现客户有什么兴趣，那就谈下他们与自己的共同点，也可以在最短的时间内引发共鸣。

3. 根据谈话内容推测分析，现学现卖

沟通的过程其实也是相互了解的过程，如果你的准备工作不够充分，也可以边谈话边试探性地了解，通过巧妙询问，或认真观察发现对方可能有的兴趣点，然后在了解的基础上现学现卖，谈论对方喜欢谈论的话题。

比如，看到客户办公桌上摆放着全家合照，或者放着很多欧洲足球联赛方面的报纸杂志，就可以推断这些有可能是客户喜欢的。然后，以此展开谈话，会让客户对你产生一种亲切感。总之，作为销售人员，要想发现客户兴趣点，需要细心观察、认真体会，发挥想象力，用一切办法来寻找。

在与客户展开交流时，以对方的兴趣爱好为切入点，是拉近彼此心理距离的最有效方法之一。金牌销售人员都深深地懂得这一点，因此，会在拜访前、拜访中、拜访后尽一切可能了解客户的喜好，确定共同话题，以此打动客户，说服客户下定决心成交。

3.2 好奇心效应：利用好奇心抓住客户的购买欲望

心理学知识索引

好奇心被誉为"心灵的饥饿"，没有人可以抵挡住好奇心的诱惑。人们对未知事物都有一种好奇心，当对某一件事情或某个人不甚了解时，无形中就会感觉充满了神秘感，并有想进一步了解的欲望。这就是心理学上人们常说的好奇心效应。

好奇心是人对某事的全部或部分了解不多或一片空白时，本能地想了解的一种心理，表现为对该事物特别关注。而由好奇心引发的一系列反应在心理学上

金牌销售赢得客户心理的八大关键

叫"好奇心效应"。销售人员想要使自己的产品引起客户的兴趣,就要设法制造好奇心效应,使客户对产品产生好奇心。

有时候,人的好奇心很奇怪,甚至有些不可思议。因此,在与客户沟通,应该最大限度地激发对方的好奇心,这是双方建立相互信任关系的重要前提。我们来看一个真实的案例:

案例

达美乐是国际连锁比萨外卖店,业务遍及全球50多个国家,设有几千家分店。然而,在日本由于外卖市场饱和,达美乐的销售业绩十分不理想,进行多次促销,消费者也不买账。为此,日本分公司为了吸引消费者策划了很多特别的促销,决定先从激发消费者好奇心入手。

一次,达美乐在店面和网站首页同时发出了一份优惠公告。该公告上说,订餐的消费者如果能满足以下一项条件,便可享受七五折优惠。

条件是:享受优惠券的消费者要用拍照的方式提供证明,并将其分享到Facebook或Twitter等社交网站上;然后在达美乐官网上进行注册并同社交网站进行绑定。做完这些就可以得到一张减价20%的电子优惠券;消费者凭借此券在网上订餐,订餐成功再享受5%的折扣,加起来就能七五折。

更为吸引人的是,达美乐为了进一步刺激消费者的好奇心,提出千奇百怪的条件。比如:订餐人有胡子(假的也行)、梳马尾、穿T恤、家有双胞胎等条件的都可以享受优惠。另外,达美乐还规定,送餐人员上门送餐时,顾客必须以自己传到社交网站上的照片的模样来开门,比如穿上T恤、梳个马尾,或是贴上假胡子。

这些规定看上去有些无厘头,既给消费者添了不少"麻烦",也抬高了享受优惠的门槛。但令人奇怪的是,这种做法却激发了消费者的好奇心,引发了很多人关注,一时间达美乐官网的访问量剧增。当初那些对主动送上门的优惠券有抗拒之心的人也参与了进来。

达美乐的个性化促销之所以能取得成功,是因为营销者们读懂了客户的心

第3章
化解客户种种购买疑虑，激发客户潜在需求

理：如果将优惠券硬塞到消费者手中，他们只会对其产生厌烦情绪；相反，如果为取得优惠券设置门槛，让他们通过努力才能得到，反而能激起其好奇心。这就像玩游戏一样，只有主动参与到活动中来，怀着好奇之心一面闯关一面享受乐趣，才能真正喜欢上这款游戏。

上述例子运用的就是激发客户好奇心的方法，通过设置悬念，引发客户好奇心，从而达到推销的目的。

在诱导客户好奇心上，有很多方法和技巧，具体如下图所示。

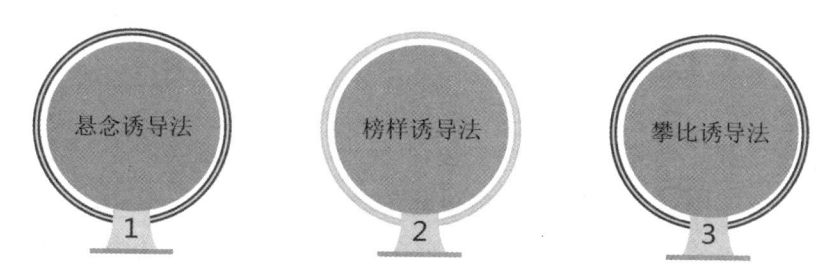

1. 悬念诱导法
2. 榜样诱导法
3. 攀比诱导法

1. 悬念诱导法

以悬念激发客户的好奇心，是最常用的一种方法。悬念，本是文艺创作中的一个术语，它是指能够引起读者在欣赏文艺作品时产生关心情节发展和人物命运的紧张心情的创作手法。这一手法同样可以用在与客户的沟通中，悬念设计得好，可以极大地激发客户的好奇心。

例如，在给客户讲解产品时，先提一个有趣的问题："各位，你知道是动物的本领大，还是人的本领大？你们一定会说当然是人的本领大。我说不对。你相信吗？今天就给你们说说那些具有超过人的本领的动物。"

本来，人的本领要比动物的本领大，这在大多数人的认知中是理所当然的。这样的开头，当然就给了客户一个悬念，他关心的是动物的本领到底怎么超过人的本领的，于是就会寻根究底，兴致盎然地把故事听完。这样，客户对产品就会有较为深刻的大致印象。

不过，设置悬念这种方法也不能滥用，悬念的效果取决于说话的内容、场合、时间以及听者本人的具体情况等多种因素的综合作用，当这些因素不适合做悬念

时则不可随意设置悬念。

2. 榜样诱导法

榜样的力量是无穷的，给客户树立一个可供他学习的榜样是激发兴趣的有效方法。这个榜样常常是有一定影响力的、大家众所周知的公众人物，比如企业家、科学家、影视演员、行业领军人物等，且特别强调这些"公众人物"对产品的认可，鼓励客户向他们看齐和学习。

例如，向客户说明自己的产品有哪位公众人物在推荐、在使用等。这些都容易诱发客户把这些人作为自己仿效的榜样、从而对产品产生认可，加快了购买决定。

这里的关键不是选择哪个人为目标客户，而在于如何把这些"公众人物"的事迹植入到谈话中来。在植入之前需要做好铺垫工作，因为并不是随便说说，对方就一定会接受的。假如你强制性地、命令式地要求对方效仿，对方肯定不顺从；或者即使听了、效仿了仍旧达不到预期效果。

那么，如何做好铺垫工作呢？这里的铺垫工作是指，当你确定要向客户推荐那位"公众人物"的时候，在推荐之前，做一些铺垫性的谈话。谈的时候要表现得很随意，故意做出不是说给他们听的样子。这样做，客户不会感觉到这是在专门教育他，而是无意中让他接受关于这位"公众人物"的信息。当铺垫到了一定程度的时候，客户会主动询问这个"公众人物"的情况，或者自己去寻找有关信息。所以，这里的"铺垫"工作才是诱导法的核心。

3. 攀比诱导法

为便于客户效仿，除了列举公众人物之外，更应该多列举一些相仿的效仿对象，让客户感觉到这种效仿看得着、摸得着、更接地气。与之攀比，既类比又对比，更可以激发购买兴趣，这是利用客户好胜心理来激发的一种方法。

与榜样诱导法一样，这里的关键并不在于攀比的对象是哪一位，而在于如何把这位对象的事迹引入客户的大脑之中，让他们自我攀比。这里铺垫工作比榜样诱导法要难得多，因为这里的攀比必须是客户自己自发的攀比。所以，当有了可以攀比的对象时，不能直接要求客户去攀比，而要激发客户的好胜心，只有有了好胜心，攀比心理才可能发生。

3.3 预期效应：给客户以符合预期的积极期待

心理学知识索引 预期效应，也叫皮格马利翁效应，源自古希腊一个神话故事，塞浦路斯国王与一个美女雕塑产生感情，而最终变为现实。后指在人际交往中，一方给出的较高的期望可引起另一方微妙而深刻心理变化的一种现象。

皮格马利翁是希腊神话中塞浦路斯国王，他十分钟爱雕刻，被誉为是一位手艺精湛的雕刻家。相传，他为雕刻一尊美女石像倾注了全部心血，废寝忘食，力争把她刻得活灵活现，栩栩如生。由于太过逼真，最后连自己也情不自禁地爱上了她，为此日思夜想，茶饭不思。皮格马利翁的举动感动了宙斯（天神领袖），于是，宙斯把这个石像变成了一个真正的人，并同意与皮格马利翁结婚。皮格马利翁的愿望最终得以实现。

虽然这只是一个美丽的神话故事，但说明了人的一个普遍心理：在人际交往中，一方充沛的感情和较高的期望可以引起另一方心理上微妙的变化。

对于这个现象，国外很多人做过类似的实验，将同样的咖啡放在高档次的器皿和普通器皿中，人们会普遍觉得高档次器皿中的咖啡味道更好些。

无独有偶，另一个实验用的是加醋的啤酒。当参与者们被事先告知酒中加了醋时，因为有了预期，他们始终觉得这酒不好喝；而另一组是在喝完酒并做出正面评价之后才被告知酒中加了醋，即使如此，大部分人仍觉得味道还不错。

这表明，预期确会影响人的行为，在日常生活中，我们每个人都有这样的体验，一旦对某事物形成固定的印象，在评价整个事物时就会向该印象倾斜。其实，这就是心理学上的预期效应，对一件事物的预期，会影响到我们对其的态度

金牌销售赢得客户心理的八大关键

和体验。如果我们事先相信某种东西好，那么它一般就会好，反之亦然。

这种效应也特别适合运用在销售中。比如，要想使客户更好地配合自己，就应该给对方传递积极的期望。期望对于人有巨大的影响，积极的期望促使人们向好的方向发展。例如，一些餐饮店在菜名前加一些带点异国情调的、时髦的词语，比如"阿拉斯加鳕鱼"，我们还没有吃到，就似乎已感觉到这菜要比普通的鳕鱼味道要来得更鲜美些。再如，一件产品的包装形式和设计也会影响到人们对包装内产品的品质认知。

案例

美国一位保险推销员大卫就非常擅长运用预期效应，他向客户推销保险的时候，从不直接介绍产品，而是故意卖关子，一点点地渗透，每次都给客户以一个意想不到的期待。

大卫："您好！索顿先生，我是大卫，今天又来打扰您了。"

索顿："哈哈，今天精神蛮好的，工作很顺利吧。"

大卫："是的，索顿先生您正在进餐？不会打扰您吧？"

索顿："不会的，进来吧！"

大卫："那我就不客气啦！"

索顿："你又是来推销你保险的吧。"

大卫："其实，这次来还有另外一件重要的事情。"

索顿："什么事情？"

大卫："先看看这套方案，是否感兴趣？"

索顿："这是一套详细理财方案，为什么给我这个？"

大卫："您是我的客户，我有责任为您提供一切好的产品或服务，先了解一下，如果同意我会根据这套方案为您量身定做。"

索顿："量身定做？难道你们可以为客户量身定做产品？"

大卫："是的，你需要认真阅读一下我的计划书。"

第3章
化解客户种种购买疑虑，激发客户潜在需求

一个小时后。

大卫："谢谢您让我吃到如此丰盛的午餐，索顿先生，我还有一些事情要处理，过段时间再来拜访。"

索顿："好的，不过，我随时需要你的帮助。"

大卫："只要您认可我的方案和服务，我随时出现。"

大卫向索顿郑重道谢，告辞。晚上，大卫向索顿发了一封电子邮件，还有一份厚礼。

几天后，当大卫又一次去拜访这位客户时，对方主动提出购买意向，也正是在这次拜访中成交。

这位销售人员之所以能如此轻松地取得成功，最关键的就是他不断地为客户制造预期，先是向客户制定购买计划，后又为客户赠送礼物，这些措施都一定程度上会提高了用户预期，增强客户内心的期待，从而进一步吸引、激发他们了解的兴趣。

很多销售人员埋怨客户根本不给自己推销的机会，还没开口，就遭到了坚决回绝。其实，这个时候千万不要一味地埋怨客户。想过没有，对方为什么会如此决然的拒绝？你无法给客户一个更好的期待。

现在很多销售人员说话千篇一律，穿的衣服大致相同，甚至推销的产品也无太大差异，客户能不烦吗？也就是说，对方对你所说的话、所推销的产品已经没有任何期待，认为这些对自己根本没用。所以，即使你还没张口，对方也已经知道你要表达什么。

根据期待效应理论可以知道，当客户对你没有一个比较积极、正面的期待时，结果肯定也是消极的，那就是拒绝。其实，客户拒绝的不是你的产品，而是你的态度、与产品关联不太大的一言一行。有关心理学研究表明，人们对未知东西、未知的领域充满好奇心，对于不知道的东西越有兴趣去探索，从这个角度来看，推销产品必须给客户一个积极的期待，在推销之前要给对方留点悬念，让对方感到"似乎还没完""也许有更大的收获"等。

金牌销售赢得客户心理的八大关键

然而，任何事情都是说时容易做时难，很多销售人员无法做到这一点。那么，该如何给客户以制造一个高预期呢？至少要做好如下图所示的三个方面工作。

先给自己积极的心理暗示 → 多角度帮助客户充分了解产品 → 充分挖掘产品的核心利益

1. 先给自己积极的心理暗示

首先要做的就是以自己的积极、主动、真诚，打动客户，感染客户，给客户一个充满希望的期待。推销工作的成败与推销员的心理状态息息相关，在面对客户时，要给自己一种积极的心理暗示，并且能把这种心理暗示转变为达到目标的积极行动。反之，若对自己的工作和产品缺乏自信，把推销理解为求人办事，看客户的脸色，听客户说难听话，那么，这样对方也不会轻易接受。

2. 从不同角度帮助客户充分了解产品

销售人员在推销之前，一定要相信自己的产品，相信自己的企业，相信产品一定能为客户带来实际益处。这种自信是推销员发挥才能，战胜各种困难，获得成功的动力。当客户不完全了解产品时，可能会对你、对你的公司有一些误解。这个时候就需要销售人员积极地、详细地为客户解释，帮助客户重新认识产品。

3. 充分挖掘产品的核心利益

推销产品的核心是向客户提供带来的利益，推销员除了坚信自己产品能够给客户带来利益，还要让客户切实体验到这种利益带来的价值。在推销时候，自己的产品比别人的好，就一定要让客户明确知道。可以提炼一个或两个特定的"卖点"，即要体现出"产品的最大优点"，人无我有，人有我优，人优我转，通过体现自己的产品优势，规避别人的优势，来引导客户去购买。

积极的期望促使人们以必定成功的姿态竭尽全力去完成预定的计划或任务。当我们确信某种事情一定会实现时，结果往往能如愿以偿。相反，那种消极的心理预想，因其束缚、压抑人心的作用力很大，结果失败的几率往往较高。

第3章
化解客户种种购买疑虑，激发客户潜在需求

3.4 赞美心理：找到客户的优势和特长进行赞美

心理学知识索引

赞美是最具有魔力的语言，对他人施以赞美之情，不但可以拉近双方之间的心理距离，更能使对方完全打开的心扉，消除戒备。心理学研究发现，在每个人的潜意识里，被赞美是个共性需求，人人都喜欢听别人说赞美、欣赏自己的话。

有一位心理医生，在银行排队取款时看到前面有一位老先生满面愁苦，大概是正在为这长长的队伍而苦恼。这位心理医生暗想，如何让那个这位老人开朗起来呢？于是他边排队边观察老先生，发现老先生虽驼背哈腰，却长着一头漂亮的头发，于是，他由衷地对这位老先说："先生，您的头发真漂亮！"事实上，老先生也一直因自己一头漂亮的头发而自豪，这时听到有人赞美他非常高兴，顿时面容开朗起来，道谢后挺了挺腰，精神抖擞。

可见，一个简单的赞美可给别人带来了多么大的好处。在人际交往中，人人都希望被赞赏、被欣赏，那么，在销售中，赞美客户也是一种非常好的沟通技巧，可以使交谈更加顺畅。

案例

小韩是某广告代理公司的销售人员，在一次商务活动中结识了某企业的采购经理李某。他一直想找个机会拜访李经理，可对方工作繁忙一直拒绝他。在小韩的多次努力之下，对方终于肯给他见面的机会，地点约在客户的办公室，时间只有短短的半个小时。

小韩走进李经理的办公室，就感到眼前一亮，他机灵地说："李总，您的办公室很别致，设计非常完美，是您的杰作吧？"

"是呀，这个是我专门为自己设计的，一方面用于自己办公，另一方面当作当客户接待室，你看，这是我设计的产品也都陈列在这里，大大方便了与客户的沟通。"李总边说边指着柜子上的样品。

"哦，您的想法真是一举两得，既节省空间，又可以为客户展示贵公司产品，我很早就听说贵公司是行业老大，原来是有如此出色的领导啊！"小韩半开玩笑地说。

李总也带着开玩笑地口吻说："十年前，我也是一个销售人员啊，在创办这个企业之前，我主要是负责产品销售的。"

从李经理的话中，小韩听出对方已经完全进入了谈话的状态，这些赞美的话也说到了对方的心坎上。心想，他现在如此成功，一定对十年的创业经历有一番感慨，何不顺水推舟，与客户谈谈他的创业经历呢。

这一谈就是一个多小时，客户似乎对小韩也非常满意，小韩趁此机会向对方介绍自己的来意。最后，双方达成了协议。

例子中小韩正是通过不断地赞美激发了客户的谈话兴趣，然后将其作为开场，并最终取得了成功。人们通常都希望被别人接受和认同，希望被别人赞美和崇拜，尤其是在某个领域取得一定成就的人，他们更希望别人主动去了解他们的内心。

作为一名销售人员，要能够站在客户的角度上体会这种心理，不要吝啬自己的语言，坦诚地、真心地赞美对方。尽管很多客户对销售人员很冷漠，但是他们也希望你更关注自己，所以，销售人员与客户沟通时一定要善于赞美对方，经常性的赞美就是最好的关注。

那么，销售人员该如何赞美客户呢？主要有以下两个技巧。

1. 围绕某个特定的"点"展开

这里的"点"有两层含义：一是指赞美对象，赞美要有明确的赞美对象，即对客户的哪些方面什么进行赞美。二是这个点必须是闪光点，正面的、美好的、积极的，如果所赞美的正是客户所不愿意谈及的，反而会给对方留下不好的印象。如下图所示。

第 3 章
化解客户种种购买疑虑，激发客户潜在需求

客户自身具有的某种优点，如性格、身材、头发，以及具有的特长、技能等 ← 赞美的点 → 与客户相关的外围事物，例如客户穿的衣服、喜欢的书、养的宠物等

赞美的"点"包括很多个方面，可以是客户自身而具有的某种优点，如性格、身材、头发以及具有特长、技能等。围绕被赞美者本身进行赞美会让客户感觉很真实，有切身体会，便于对方更容易地接受。

另外，也可以是与客户相关的外围事物，比如，客户客户穿的衣服、喜欢的一本书、养的一只宠物等。例如，当走进客户家中，看见墙上挂着一幅水墨画，虽然并非出自名家之手，但可以肯定的是，这是对方引以为自豪的东西。因为，将其放置于显眼的地方，似乎就是在说，"这是我引以为自豪的东西，请君聊上几句。"那么，据此就可以对其进行一番赞美，肯定会赢得主人的热情回应。

2. 有针对性地赞美

由于每个客户在性别、年龄、学识、认知等各方面都会有很大的差异，所以，销售人员在赞美的时候，不能千篇一律，机械照搬，对每个客户都用一套固定的言辞。赞美需要有针对性，根绝客户的具体情况说不同的话，在语言上体现出赞美的个性化。

例如，对于各年龄段的客户：

> 对于老年客户可赞美其身体状况好，鹤发童颜，身体健康；对于年轻女性要赞美其性感漂亮，青春靓丽；对于儿童则要赞美其聪明可爱、活泼伶俐。

再比如，对不同职业的客户：

> 对于金融行业的客户，可以谦虚地说："据我所知，您是理财高手，帮助不少投资人实现了财务自由，如果有机会我一定要向您请教赚大钱的方法"；对于搞文学创作的客户，可以说："我非常欣赏您的文采，曾经拜读过×××作品。"

赞美虽然好，但有一点需要格外提醒，就是赞美要有度，把握不好，赞美过度，

就会被认为是阿谀奉承，巴结逢迎。因此，不要一味地奉承、巴结，这不仅让客户感觉不舒服，甚至会被客户看不起。销售人员在赞美客户时，一定要与奉承、巴结、拍马屁区别开来。

3.5　前景理论：向客户描绘产品带来的美好愿景

心理学知识索引　人对于未来的事情，既渴望、充满好奇，又因诸多不确定因素而带来的担忧。这种矛盾心理会给人带来更多的困惑。心理研究表明，在这种矛盾心理驱使下，人们心中更多的是消极念头，为了打消这种念头，可以强调美好的一面，增强其积极的期待。

有个著名的心理学假设：假设你得了一种病，有十万分之一的可能性会突然死亡。现在有一种吃了以后可以把死亡的可能性降到零的药，你愿意花多少钱来买它呢？或者假定你身体很健康，医药公司想找一些人来测试新研制的一种药品。这种药用后会使你有十万分之一的几率突然死亡，那么医药公司起码要付多少钱你才愿意试用这种药呢？

实验中，人们在第二种情况下索取的金额要远远高于第一种情况下愿意支付的金额。我们觉得这并不矛盾，因为正常人都会做出这样的选择，但是仔细想想，人们的这种决策实际上是相互矛盾的。第一种情况是你在考虑花多少钱消除十万分之一的死亡率，买回自己的健康；第二种情况是你要求得到多少补偿才肯出卖自己的健康，换来十万分之一的死亡率。两者都是十万分之一的死亡率和金钱的权衡，是等价的，客观上讲，人们的回答也应该是没有区别的。

为什么两种情况会给人带来不同的感觉，让人做出不同的回答呢？对于绝大多数人来说，失去一件东西时的痛苦程度比得到同样一件东西所经历的高兴程度要大。对于一个理性的人来说，对"得失"的态度反映了一种理性的悖论。由于人们倾向于对"失"表现出更大的敏感性，往往在做决定时会因为不能及时换位思考而做出错误的选择。

第3章
化解客户种种购买疑虑，激发客户潜在需求

同样道理，这种心理也存在于客户购买的过程当中。当客户面对陌生的销售人员，陌生的产品时，心中难免会有质疑、不信任，这时，客户考虑更多的是未来的不确定性。我会不会被骗、产品的质量是否有保证等一系列问题，瞬间都会涌现出来。

案例

一家商店正在清仓大甩卖，其中一套餐具有八个菜碟、八个汤碗和八个点心碗，共二十四件，每件都完好无损。同时有另一套餐具，共四十件，其中有二十四件和前面那套的种类、大小完全相同，也完好无损。除此之外，还有八个杯子和八个茶托，不过，两个杯子和七个茶托已经破损了。第二套餐具比第一套多出了六个好杯子和一个好茶托，但人们愿意支付的钱反而少了。

一套餐具的件数再多，即使有一件破损，人们就会认为整套餐具都是残次品，理应廉价；件数少，但全部完好，就成为合格品，当然应该高价。在生活中，人们由于有限理性而对"得失"的判断屡屡失误，成了"理性的傻瓜"。

因此，销售人员必须学会看趋势，找规律，发现未来美好的前景，并将其描绘出来，引导客户的对企业、对产品充满信心。只要客户对你企业和产品建立起了足够的信心，购买兴趣自然会产生。

案例

一家建筑公司的销售人员，去拜访一家饭店的老板，向其推销装修。这次装修价格比较昂贵，当老板听说装修完毕需要上百万元时，毫不犹豫地拒绝了。

客户虽然拒绝了，但这位销售人员并没有因此而泄气。因为据他观察，这家饭店实力很强，应该不会在价格上计较太多；另一方面，这家饭店的地理位置优越，地处一个大型旅游景点外围。这位销售人员简单地分析了之后，也看出了饭店老板的心思，对方的拒绝本意不是嫌要价过高，而是担心装修的效果，以及是否值得这么大的投资。

于是，这位销售人员向客户提了一条建议："张经理，您真是独具慧眼啊。"

客户一听他的话，微微一笑："为什么这么讲？"

金牌销售赢得客户心理的八大关键

"您在这个旅游胜地承包了这个饭店,就是最大的优势,每年的旅游旺季,要招待多少过往的旅客!"

"我也是怎么想过,但这毕竟是我第一年在此做生意,效果也许没有想象得那么好。"

"您过虑了,我看您也是初到此地做生意的人,我在这个地方二十多年了,情景我比较清楚,每年的四月份到十月份到这里的旅客非常多。以后您这个饭店也会成为一道独特的风景线了。"

客户听后爽朗地笑了。

这位销售人员接着说:"游客通常都喜欢优雅而整洁的环境,装修一定要与这里的环境相吻合,让疲劳的旅客一到贵店就流连忘返。我想如此舒适华丽的饭店一定会吸引更多的游客,到时候也能助您生意兴隆。"

饭店老板听了销售人员话,微笑着问:"您有没有更具体的计划?"

"我初步设想是这样的……如果不满意可以再商量。"

这位销售人员的一席话,使饭店老板心中的疑虑一扫而光,最终签订了订单。描绘合作的前景,是消除客户消极情绪,建立客户信心最重要的方法之一。就像例子中这位销售人员一样,在面对客户对未来的疑惑时,向他描述了景区旅游旺季的景象,从而使得客户认为"投资装修"很值。

在推销中,对于大多数客户来讲,他们关注更多是未来的事情。比如,购买产品前他们问:"这种产品能使用多长时间?""以后出现问题怎么办?"正是认为产品的未来充满了不确定性,所以往往会表现出满腹疑虑,犹豫不决。那么,在描述前景的时候,如何讲述才能令客户信服呢?大体上可按照以下三个方面来做,如下图所示。

1	>	2	>	3
准确预判未来的形势		提供确凿证据,让事实说话		善于用售后保障

1. 准确预判未来的形势

作为销售人员，需要时刻观察市场动向，了解产品的最新动态。在与客户交流时，这是非常重要的一部分。一个金牌销售人员向客户推销，不单单是介绍产品，还包括与产品有关的市场动态、信息以及其他状况。这些有助于客户更深入地了解产品，增强对产品的信任。

2. 提供确凿证据，让事实说话

客户对产品了解不够，对销售人员不信任，从而导致客户心中有很多质疑。而且这种质疑是根深蒂固很难消除的。所以，销售人员仅凭一张嘴是无法说服的，必须提供确凿的证据来证明产品的可靠性，比如质量证书、销售合同、合作伙伴的认同等。在证据面前，客户的疑虑会大大弱化。

3. 善于用售后保障

销售人员向客户介绍产品的同时，应该交代清楚完善的售后保证。高质量的产品必须有与之配套的售后服务，这样才能解除客户的后顾之忧。有的客户在购买产品时，把售后服务看得非常重，所以，销售人员需要对售后服务或维修条款介绍清楚，让客户清楚地知道与产品有关的一切服务。

在推销时，为了更好地说服客户，在介绍产品的同时，还需要帮助客户建立信心，让客户感到产品在未来能体现出更大的价值，能为自己带来更大的利益。

3.6 登门槛效应：因势利导，由小到大提要求

心理学知识索引

一个人很难接受他人提出的所有要求，尤其是不合理要求。但只要遵从一个心理学效应则可实现，即"登门槛效应"。该效应是指人在接受他人一个微不足道的小要求后，为了避免认知上的不协调，或想给他人以前后一致的印象，很有可能接受对方提出的更大要求。

金牌销售赢得客户心理的八大关键

美国的一位心理学家曾做过这样一个实验：

被实验对象为两个组，先让第一组的参与者们将一个精美的小招牌挂在自家窗户上，所有家庭都同意了；一段时间后，心理学家再次走访这些家庭，让他们将一个不太美观的招牌挂在窗户上，他们大都也同意了。又过了一些日子，心理学家请求将一块又大且非常丑陋的招牌挂上，超过一半的家庭依然同意。

同时，心理学家要求另一组的参与者们也将这个大而且丑陋的牌子挂在自己家窗户上，不同的是结果则没有那么好，同意这么做的家庭不到两成。

两组参与者对于心理学家的要求之所以出现如此大相径庭的结果，关键就在于前者有两次很好的铺垫，而后者没有。上述实验也正好说明，一个人很难马上接受他人的要求；反之，如果先让其接受一个小要求，然后在此基础上提出相对高的要求，那么对方接受起来就比较容易。在心理学上，这种现象被称为"登门槛效应"。

心理学研究发现，当你对他人提出一个微不足道的要求时，对方往往很难拒绝你。因为这个微不足道的要求完全在大多数人可承受的范围之内。一旦对方接受了这小个要求，就仿佛跨进了一道心理上的门槛，很难抽身而退。这时，再次向对方提出一个更高的要求，这个要求就和前一个要求有了继承关系，对方接受起来也顺理成章。

在实际生活中，这一效应运用得也比较多。比如，男士遇见自己心仪的女孩，如果马上提出要和对方结婚、共度一生，恐怕会遭到女子的断然拒绝；如果先提出一些小要求，如吃饭、看电影、逛公园等，对方接受起来就比较容易，久而久之随着感情的加深，就可以实现结婚的目标。与客户沟通，也可以采用这种效应，先提出一个小要求，再在此基础上逐渐增加。

案例

胡小青是一位家具销售人员，周末，一位男士来此计划购买家具。在得知对方只想买一把椅子时，便对其说："我们这椅子往往是配套出售的，如果买全套能够享受优惠，我向您推荐一款吧。"

第3章
化解客户种种购买疑虑，激发客户潜在需求

"我已经有自己的计划了，就买一把椅子。"客户摆摆手说道。

这时，胡小青指着一把与椅子格调十分吻合的书桌，对客户说："你看这个书桌，最适合放电脑了，十分适合看书、办公，如果另配其他的电脑桌，肯定没有原装的好，关键是价格，现在非常合适。"

客户略加思索说："好吧。"

客户准备付钱时，胡小青把客户喊到身旁，说："你看这个书柜，很配套！"

客户说："不用不用，买个几十元钱的简易书架凑合着用就可以了。"

胡小青忙说："这么好的椅子和桌子，配个档次不搭的书柜合适吗？"

客户一想也是，既然椅子和桌子都买了，再买个书柜又有什么呢！于是爽快地说了一个字："买。"

就这样，胡小青循序渐进地向客户推销了一套家具。

在这里，胡小青巧妙运用了登门槛效应，让客户逐步接受了多个要求。这个案例给我们的启示就是，若想让客户接受你的最终要求，不妨先提将要求分解，依照先次要后重要、先小后大的原则逐渐提出，一步步地去影响客户。可先提出些较小的、易于接受的的要求，当被接受后，在逐渐提出较大的、更高的预期要求。只要客户接受了前者，接受后者就不会那么抗拒了。如果盲目地提要求，不但不能达到目的，而且更有可能弄巧成拙，导致客户拒绝。

一开始就提出比较高的要求，对方往往难以接受。但如果先提一个简单的要求，然后逐步提出更高一点的要求，不断地缩小差距，这样接受起来通常就比较容易。每个人都有急于求成的心理，但与客户的沟通只能循序渐进，不可以拔苗助长。

3.7 锐角成交法：把客户的反对理由转化为购买意见

心理学知识索引

所有人都知道几何学中的"锐角"三角形，推销中有一种方法叫"锐角成交法"，指的是当客户提出反对意见之后，销售人员巧妙地把这种反对意见转换成相应的购买理由。由于这种将反对意见转换为相应购买理由的道理，如同将锐角的任何一边延伸后转换成钝角一样，因此常常被形象地称为"锐角成交法"。

将客户的拒绝或反对意见，巧妙地转化为相应的购买理由，从而再把这种理由传达给客户，从而达到促成成交目的。这就是"锐角"成交法的核心意思，其实就是借力使力，巧妙转化。销售人员在与客户沟通时，对方经常会提出这样那样的反对意见，如果你能把这些意见转化为购买理由，那么，将会大大减小成交的阻力。

案例

小林代表公司与经销商李某就代销一款化妆品签订合同，现场，李某又忽然提出了很多反对意见，令小林无法解决，从而导致与客户沟通几乎无法正常进行。这时，小林巧妙地把经销商的反对意见变成了进货的理由后，李某就不得不心悦口服地签下了订单。我们来看看下面的对话。

李某："你们公司在广告宣传上的过大投入造成了资金上的浪费，如果你们能把这些钱作为我们经销产品的折扣，那我们的利润不是可以更高一些吗？"

小林："我们之所以在广告宣传上投入如此多的费用，正是为了提高你们经销商的利润呀！你想啊，很多经销商自身没有足够完善的投资渠道，间接影响到了企业的利益。而我们在前期的广告宣传能大量吸引客户来关注，这样不是更有利于你去销售吗？"

李某："可是这些利润并不能在每个经销商身上实现。"

第3章
化解客户种种购买疑虑，激发客户潜在需求

小林："您说的有道理，更多时候这是一种间接的利益，我们宣传的是产品，产品被大众接受了，你们的利润自然能够得到有力保障。反过来说，如果没有我们前期在广告宣传中的投入，那你们购进产品之后一旦销不出去的话，最终你们的利润恐怕将无法实现了！"

经过小林的分析，李某终于想通了，爽快地签订了合同。

上述例子中小林就是充分利用了客户的反对意见，通过客户提出的反对"在广告投入方面投资过大"的意见，从而转化为"广告投资大有利于增加销售量"的合理理由。在销售实践中，这样的情景很多。

例如，当客户提出："我从没有用过这类产品，所以没有兴趣。"对此，销售人员可以这样回答："正因为您没有用过此类产品，所以才更要买些试试啊，如果您不买的话，就永远不会知道这种产品的妙处了……"

类似于这种方式都属于"锐角成交法"的范围。总之，在运用这种方法与客户与客户沟通时，就是在客户提出的反对意见上寻找突破口，然后采用恰当的说服技巧把客户的反对意见转换成购买的理由。

"锐角成交法"是促使客户签单的常用的一种技巧，运用范围广泛，效果十分显著，能很好地促使销售转败为胜。值得注意的是，在运用此种策略时，销售人员必须注意抓住三个关键点，具体如下图所示。

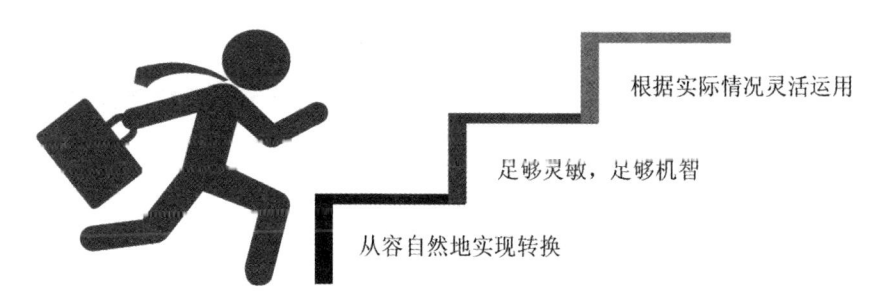

根据实际情况灵活运用

足够灵敏，足够机智

从容自然地实现转换

1. 从容自然地实现转换

运用锐角成交策略，销售人员要注意在对客户提出的反对意见进行转换时，一定要使自己的转换表现得更自然，不要牵强地硬把客户往成交的目的上引导，否则，客户会认为你是在"强迫"他们成交，从而引起他们的不满。

2. 足够灵敏，足够机智

这就需要销售人员在当时反映足够机敏，足够灵活，当客户提出反对意见之后，能迅速、及时地转变为促进成交的积极因素。

3. 根据实际情况随机应变

销售人员将客户提出的反对意见转换为相应的成交理由，需要根据不同的拒绝理由灵活运用，否则很难达到有效说服客户做出成交决定的目的。例如，客户提出的意见是对产品或服务品质的不了解而引起的，或者只是一种借口，他们希望以此来推托。

在这种情况下，销售人员可以利用"锐角成交法"进行灵活转换，对客户进行产品或服务介绍，并在介绍相关信息的同时巧妙说服以促进成交。但有一点要注意，如果客户是因为急于摆脱销售人员的纠缠才提出反对意见的话，那么在利用"锐角成交法"时，就不能单纯地给客户提供产品信息、企业信息，首先要做的就是消除这种反对意见，然后再挖掘出客户拒绝购买的真正原因。

总之，当客户提出反对理由购买的意见时，第一，不要被这些反对意见所困扰，而是要学会巧妙地借助这些反对意见来取得主动，促进成交。第二，在具体运用"锐角成交法"时要根据实际情况具体对待，避免过于死板。

3.8 反问法：从问题中判断客户的心理需求

心理学知识索引：“反问法”最早是由古希腊哲学家苏格拉底发明的，所谓反问法就是不给现成的答案，而是用反问和反驳的方法使人在不知不觉中接受正确的观点和思想。

苏格拉底是著名的哲学家，发明了"反问教学法"，他在教学中总喜欢向学生提出这样、那样的问题，但学生无法给出正确答案时，他并不急于纠正其中的错误，而是针对这些错误提出许多反问，使原有的错误更加突出。这样更容易把

第 3 章
化解客户种种购买疑虑，激发客户潜在需求

学生的思维导入正确的状态，因为学生原以为正确的、完美的东西被证明是错误的、漏洞百出的后，更容易树立正确的理念。

学生："苏格拉底，请问什么是善行？"

苏格拉底："盗窃、欺骗、把人当奴隶贩卖，这几种行为是善行还是恶行？"

学生："是恶行。"

苏格拉底："欺骗敌人是恶行吗？把俘虏来的敌人卖作奴隶是恶行吗？"

学生："这是善行，不过我说的是朋友而不是敌人。"

苏格拉底："照你说，盗窃对朋友是恶行，但是如果朋友要自杀，你盗窃了他准备用来自杀的工具，这是恶行吗？"

学生："是善行。"

苏格拉底："你说对朋友行骗是恶行，可是在战争中，军队的统帅为了鼓舞士气，对士兵说援军就要到了，但实际上并无援军，这种欺骗是恶行吗？"

学生："是善行。"

苏格拉底正是通过这种方式，让学生自己去体会什么是善行，什么是恶行，让学生在不同的情况下，能对善恶有正确的判断。

其实，这就是反问的作用，反问句可加强语气，把本来已确定的思想表现得更加强烈，感情色彩更为鲜明，从而在心理上给人以更深刻的印象。

面对客户的种种疑虑，最重要的就是弄清楚客户的需求在哪儿，这是在展开推销之前必须搞清楚的。有的销售人员可能不知道如何去判断，这里有个小技巧，就是从客户所提的问题中下手。

细心的销售人员都会发现，当客户对产品存有疑虑时，对方总是喜欢问这问那。千万不要忽视这些问题，这都是客户当时心理的真实表达。其实，与客户进行有效的沟通就是在客户提出疑问的基础上，我们帮助客户去解答，然后在这个基础上逐渐地打动客户，从而实现推销目的。因此，在与客户打交道的时候，如果能掌握客户提问背后的心理状态，就能进行有针对性的沟通，从而更轻松、更容易地实现销售目标。

金牌销售赢得客户心理的八大关键

有一种方法能够帮助你更深入地了解客户，那就是运用反问的方法。

案例

销售人员："您好，请问，李峰先生在吗？"

客户："我就是。您是哪位？"

销售人员："我是××公司打印机客户服务部小程，我这里有您的资料记录，贵公司去年购买的××公司打印机，对吗？"

客户："哦，对呀！"

销售人员："保修期已经过去了七个月，不知道现在打印机使用的情况如何？"

客户："好像你们来维修过一次，后来就没有问题了。"

销售人员："好的，我给您打电话是告诉您这个型号的机器已经不再生产了，以后的配件也比较昂贵，提醒您在使用时要尽量按照操作规程。您在使用时阅读过使用手册吗？"

客户："没有呀，不会这样复杂吧，还要阅读使用手册？"

销售人员："其实还是有必要的。如果不阅读也是可以的，但寿命就会降低。"

客户："我们也没有指望用一辈子，不过，最近业务还是比较多，如果坏了怎么办呢？"

销售人员："没有关系，我们还是会上门维修的，不过要收取一定的费用，但比购买一台全新的还是便宜些。"

客户："对了，现在再买一台全新的打印机什么价格？"

销售人员："要看您想买什么型号的，您现在使用的是××公司CH940，后续的升级的产品是CH880，不过还要看贵公司一个月大约需要多少纸张。"

客户："最近的量开始大起来了，有的时候超过一万张了。"

销售人员："要是这样，我还真建议您考虑CH880型号的了，这个型号的打印机最多一次性可打印一万五千张，而CH940的最多可达到一万张，这将会大大影响到贵公司的工作效率，您说呢？"

第3章
化解客户种种购买疑虑，激发客户潜在需求

客户："你能否给我留一个电话，我可能考虑再买一台备用。"

通过客户所提的问题，销售人员可以了解客户当时的心理状态。比如，如果客户总是问价钱，并对产品的价格谈论过多，则说明客户很在意价格；如果客户总是询问质量方面的问题，则说明客户在意产品质量；如果客户询问售货服务方面的信息，则说明客户在意售后服务。

面对客户不同的心理需求，很多时候你没有时间了解客户，因此就要根据交谈中客户的提问来摸清对方的心理，并有针对性地做出回答，影响客户的决策，促使销售成功。销售人员可以采取以问作答的方式，全面分析客户心理，帮客户消除疑虑。运用反问法消除客户疑虑的三个关键，如下图所示。

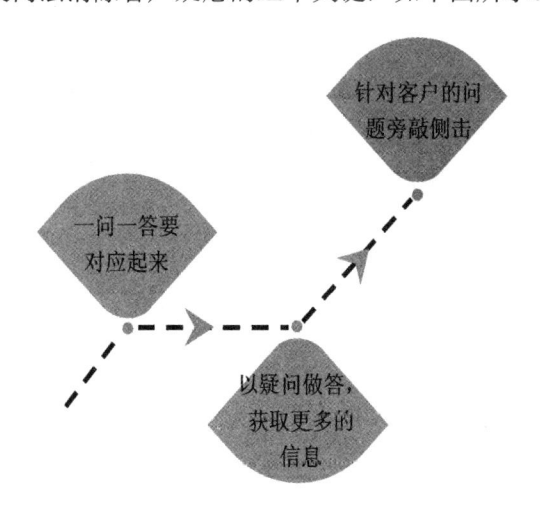

- 一问一答要对应起来
- 针对客户的问题旁敲侧击
- 以疑问做答，获取更多的信息

1. 一问一答要对应起来

虽然销售人员从客户的问题中能得到更多的信息，但有时候会出现答非所问的情况，客户问这个问题，你回答的却是另外一个问题。

比如，有人来租房子，对方进门就问："有一室一厅的要出租吗？"你却回答："有两室一厅的。"这就是典型的答非所问，也是销售人员在与客户交流过程中经常犯的一个毛病。千万不要忽视这个问题，否则，反而会干扰谈话。有人来租房子，对方进门就问："有一室一厅的要出租吗？"正确的答复是"有。"为什么要这样回答呢？因为如果你说"没有"或者以其他方式来回答，客户马上就会转头

走掉，你根本没机会和他谈下去。

2. 以疑问做答，获取更多的信息

为了得到更多的信息，当客户提出某一个问题的时候，你甚至不必直接去回答，而是反问对方。仍以刚才那个问题为例，当客户问"有一厅一室的要出租吗？"你可以这样回答："是一室一厅吗？"

明知故问就叫"以问作答"，这么问对方大多数会做出肯定性答复，然后接下来可以继续问，比如"有几个人住？""对周边配套设施、交通等有什么要求？"这样一系列的问题不但可以判断对方有没有真实需求，还可以激发更多的潜在需求。

3. 针对客户的问题旁敲侧击

反问客户的时候要有策略，最好以旁敲侧击的方式问，避免过于直接了当，因为很多客户不会轻易告诉你真实情况。问这类问题的时候不要怕客户否定，因为你的反问都是些"伪问题"，目的不在于获知客户的工作情况，而在于和客户多交流几句，以便了解更多。通过这些问题，你可以继续了解对方喜欢什么样的房子。

通过双方互问可以拉近彼此之间的心理距离，之后就有机会展开更好的沟通。如果客户有不明白的地方，他自然会主动问，你就不用再一一去问了。

第 4 章

根据客户心理介绍产品，辅助客户做出判断

产品介绍是销售过程中一个重要环节，介绍得好与坏直接决定着产品是否得到客户的认可，决定着客户是否愿意掏钱购买。所以，做好销售工作的关键就是要将产品介绍到位，如果商品介绍能够给客户留下深刻印象，就奠定了成交的基础。

4.1 重要性原则：直接陈述产品的利益

心理学知识索引

在面临多件事情时，大多数人通常会根据轻重缓急程度进行处理，重要的、紧急的先做，不重要、不紧急的可暂时缓缓。这就是做事的重要性原则，也是一种心理学现象。在这一原则的影响下，人们在做事情时通常会优先处理最重要的。

产品的核心价值是帮助客户解决实际问题，那么，在销售过程中销售人员就应该把这些信息第一时间透露给客户。因为根据重要性原则，交易中最核心的就是利益，客户最关注、最急于知道的就是该产品能为自己带来什么利益，也只有从中感受到了利益所在，才会对产品感兴趣。

由此可见，在向客户介绍产品时，首先要做的就是直接陈述产品的核心价值所在，让客户知道产品能带来哪些利益。

案例

汤姆是一家服装公司的推销员，有一次，他来到一家商场推销产品。进了门，客户埋头忙自己的事，只是冷冷地问了一句："哪家公司的，推销什么？"汤姆并没有着急递名片、报公司，而是不慌不忙地说明来意："先生，旺季到了，我是来帮你忙的。"

"帮我？"他停下手中的活，用疑惑的眼神看着眼前的汤姆。

"是呀。"

"怎么帮我？"

"帮你提高营业额，增加利润呀。"

"是吗？"他颇有兴致地问。

"是的。你看旺季到了，你的产品花色品种还比较单调，我来帮你补充新

第 4 章
根据客户心理介绍产品，辅助客户做出判断

的式样和颜色呀。"

"那——"

这时汤姆见时机已经成熟，于是递上自己的名片和宣传册，并进一步说："像这个品种，在全国其他城市已经为商家带来了很可观的利润。"

最后汤姆谈成了这单业务。

在这个例子中，汤姆通过直述产品所带来的利益，顺利打破了僵局。他没有过多的赘述，而是直接告诉客户产品的价值所在，从而立刻吸引了客户倾听的关注点。其实，在向客户介绍产品时，就应该样直奔主题，给客户满满的干货。只有让客户在尽可能短的时间内感到产品或服务的物超所值，才有可能激发与你继续交流下去的欲望。

古语有云："天下熙熙，皆为利来；天下攘攘，皆为利往。"再没有比"利益"更能吸引人的东西了，其实，这也是大多数人的心理状态。销售人员要想试图说服客户购买产品，就必须用利益来吸引对方。只要让客户感到产品的利益所在，或者认为你所提供的信息对自己有益，就容易产生购买之心。

这点非常重要，也是决定能否与客户继续交流下去的基本保证。那么，销售人员如何向客户简单高效地阐述产品的利益和价值呢？主要有两点：第一，必须准确锁定产品的核心价值；第二，向客户介绍产品的核心价值。

1. 锁定产品的核心价值

一个产品之所以区别于其他同类产品，最根本的就是核心价值的不同。任何一个产品都有自身的核心价值，这也是能打动客户的真正原因。一个产品的价值通常很多，而核心价值往往只有一个。因此，销售人员如何准确锁定产品核心价值往往会成为挖掘产品利益的关键。

产品的核心价值，让消费者明确、清晰地识别并记住产品的利益点与个性，是驱动消费者认同、喜欢，乃至爱上一个产品的主要力量。那么，销售人员必须了解产品价值体现在哪些方面。

产品的核心价值一般体现在五个方面，如下表所示。

产品价值	地位
品牌	品牌是产品不可分割的组成部分，一个金牌产品必然有着强大的品牌影响力。同时，品牌也是客户在购买产品时非常看重的一个方面，这也是名牌产品总能够受人欢迎的主要原因。产品的品牌形象、市场占有率是否处于有利的地位都对客户有重要影响
产品属性	产品属性往往体现产品核心价值，一个产品价值大小，与其他产品有什么区别，最根本的是取决于自身的属性。产品在某个属性有绝对的优势，往往是战胜竞品的决定性因素
附加服务	在这体验至上的商业社会，服务已经成为产品的标配，良好的服务能极大地提升产品的价值，打开市场，吸引消费者。这些服务不仅包括售后服务，还包括售前和售中
特殊价值	特殊利益是指产品在满足客户常规需求之外的其他要求。例如，衣服除有保暖御寒、遮风挡雨这些常规价值外，有时候还有艺术价值；古人的画作，除有欣赏价值之外，还有历史文化价值

核心价值是产品的终极追求，是一个产品营销传播活动的原点，即企业的一切价值活动（直接展现在消费者面前的是营销传播活动）都要围绕产品核心价值而展开，是对产品核心价值的体现与演绎，并丰满和强化产品核心价值。

2. 向客户介绍产品的核心价值

锁定产品的核心价值后，还要能向客户展示出来，让客户明确地感知到，这就需要对价值进行介绍。

价值，通俗地讲就是利益，因此，在给客户介绍时要直接陈述产品可带来的实际利益，强调能帮助客户解决问题的利益，只要能帮助客户解决问题，自然可以推销出去。毕竟，客户最看重的还是产品的实际利益。

第 4 章
根据客户心理介绍产品，辅助客户做出判断

4.2 瓦拉赫效应：提炼产品的主要卖点

心理学知识索引

这个效应源于诺贝尔化学奖得主奥托·瓦拉赫，瓦拉赫最初学的是文学，可一学期下来，老师给他的评语竟是"很用功，但过分拘泥，这样的人即使有着完美的品德，也绝不可能在文学上发挥出来。"无奈他又改学油画，但仍得不到老师的青睐，大多数老师认为他已成才无望，只有化学老师觉得他做事一丝不苟，是做好化学实验应有的品格，建议他学化学。谁料，瓦拉赫的智慧火花一下子被点燃了，并最终取得了巨大成就。

瓦拉赫效应告诉我们，只有发挥自己的长处和优势，才能取得大成就。对一个人而言，就是要善于发挥自己的强项；而对产品销售来讲，则是要最大限度地体现自身特色和优势。

产品的优势往往是其最大卖点，在营销学上，卖点又叫 USP，是产品具有的独特主张。一个产品对客户是否有足够吸引力，与自身优势体现得是否充分有很大关系。因为，产品卖点往往就是产品的优势所在，而充分利用自身的优势是最容易战胜对手的。

瓦拉赫效应所指的就是也要懂得体现自己的长处，用在产品推销上就是提炼产品卖点，找到产品优势。任何产品都有它的卖点，也就说任何产品都有自身的优势。在推销中，应重点介绍产品的优势，让客户充分了解。

任何产品都有自身的优势，销售人员在提炼一个"卖点"时要尽量体现产品的最大优点。"人无我有，人有我优，人优我转"。通过体现优势，扬长避短，来吸引客户，促使其迅速做出购买决定。因此，对优势的凸显就是产品介绍工作最核心的部分，一个产品把优势体现出来了，才能打动客户。

那么，什么是优势？所谓优势，是指产品所具备的前所未有、别出心裁或与众不同的特色、特点。一个产品中常见的优势如下图所示。

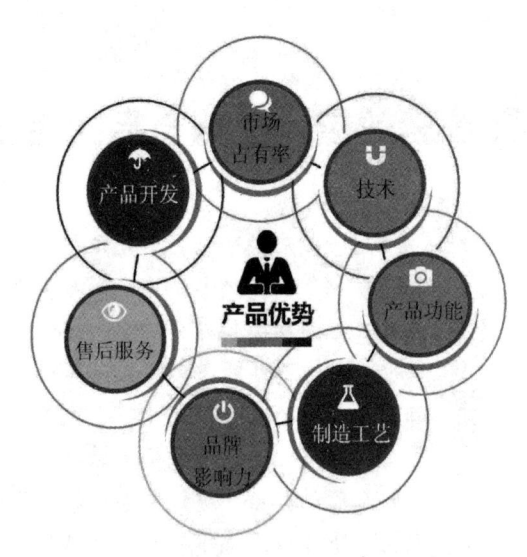

金牌销售赢得客户心理的八大关键

（图示：产品优势 — 市场占有率、技术、产品功能、制造工艺、品牌影响力、售后服务、产品开发）

然而，在对产品优势的介绍和凸显上，很多销售人员做得并不好，大多数人甚至连产品优势都无法精准地抓住，就别谈更好地介绍了。一见到客户，就恨不得把所有知道的一吐为快，全然没有考虑是否说到了点子上，结果往往是出力不讨好。即使介绍得再多，客户也听得云里雾里，一头雾水。

产品介绍有时候并不是说得越多越好，而是必须围绕一个或几个优势进行，同时迎合客户需求，具有针对性。所以，销售人员在介绍产品前需要先提炼"优势"，并用通俗化的语句表达出来，让客户听得懂。

案例

小马向一个客户推销医疗设备，他向对方讲解了很多与产品有关的性能、用途、制作材料，以及后期如何维修、保养等。可对方由于对这类机器了解甚少，根本无法理解他所说的一切。结果，尽管小马滔滔不绝，口若悬河，也没说动对方。

而另一位销售人员在面对客户时候并没有滔滔不绝地讲述太多，而是微笑着问："先生，我知道您也对这套设备感兴趣，那为什么不决定购买呢？能说说您的担忧吗？"

客户叹了口气说："其实，我之前也用过一些这样的设备，无奈耐用性很差，几乎一两年后就无法正常使用。现在，这样的设备虽然很多，但是真正耐用的

第4章
根据客户心理介绍产品，辅助客户做出判断

很少。"

销售人员明白客户的担忧："原来您一直在担忧使用时间的长短啊。"说着，拿出一份资料，对客户继续说，"先生您看，这是这套设备的一份说明书，厂家对设备的使用期限是有承诺的，正常的试用期限是五年，比同类产品要超出两年这久，这也是我们这款产品最大优势之一。"

看到客户还有些疑虑，这位销售人员继续说："同时，我们公司也有配套的售后服务，出现质量问题，一年包退，在正常使用期限的五年内免费保修，您尽管放心，到时候在任何一家分店都可享受这项服务。"

了解了这些，客户的顾虑打消了，很快作出了购买决定。

一个产品需要介绍的有很多，但由于客户情况不同，接受能力不同，有些东西虽然很有说服力，但并不适宜全部说出来。所以，销售人员在介绍产品时必须找到优势，有的销售人员认为这很难，其实只要多思考、多总结、多观察客户需求就能轻易抓住。

一般来讲，产品的优势主要来自两个方面，一方面是产品与生俱来的，另一方面是通过营销策划而产生的，如下图所示。

```
┌──────────────┐
│ 产品属性、个 │
│ 性、特色等   │
│ 自身具有的   │
└──────────────┘
        │
       优势
        │
┌──────────────┐
│ 后期策划的   │
│ 品牌概念、文化│
│ 价值、包装   │
└──────────────┘
```

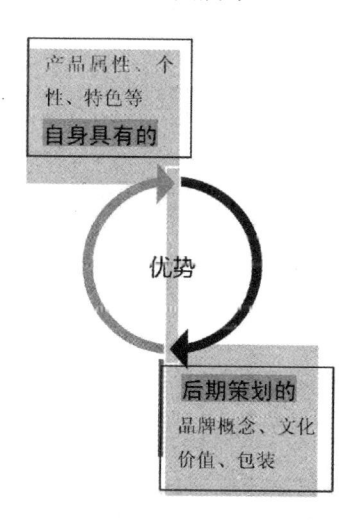

与生俱来的优势往往是指产品自身具有的属性、特色、优势等。因此，这类优势具有明显的排他性，如果有两个产品都提炼出同样的优势，那这个优势其

实就不具有了"优势"的生命价值；通过策划而产生的优势不具有排他性，但需要力求创新，如产品的品牌概念、文化价值、包装等。

根据以上理论，销售人员可通过三种方法来提炼优势，即充分结合客户需求。因为，从本质上将，挖掘优势其实就是迎合客户的需求、喜好等，客户的这些需求和爱好就是"卖点"。所以，销售人员在总结和提炼的时候一定要灵活，通过对客户需求的了解，将从"要客户知道"转化成"客户要知道"，而不能照本宣科地向客户推销。

值得注意的是，一个产品所具有的优势也是不断变化的，所以，销售人员在提炼"优势"的时候必须紧贴客户需要，客户需求不同，你所体现的优势也应该不同。可见，产品优势并不是固定不变的，会随客户需求变化而变化。

4.3 权威效应：积极打造产品的"威信"

心理学知识索引

权威效应，是指地位高、有威信、受人敬重的人所说的话、所做的事也容易引起他人的重视，并让其相信。人们总认为，权威人物往往是楷模，服从他们会使心理多一份"安全感"，减少犯错的机会。

在课堂上，一个化学家向同学们展示说将测验一瓶臭气的传播速度，他打开瓶盖15秒后，前排学生即举手，称自己闻到臭气，而后排的人则陆续举手，纷纷称自己也已闻到。其实，瓶中什么也没有。

在实际生活中，人们普遍存在一种心理现象——权威效应。所谓"权威效应"，就是指说话的人如果地位高，有威信，受人敬重，则所说的话容易引起别人重视，并相信其正确性，即"人微言轻、人贵言重"。

在权威效应的影响下，大多数人对权威有一种心理上的崇拜和依赖。在现实生活中，很多人有这样的倾向，认为权威人物／权威机构往往更符合大众的价

第4章
根据客户心理介绍产品，辅助客户做出判断

值取向，人们按照他们说的去做，会得到心理上的慰藉。

比如，我们常见的名人代言广告、专家鉴定、权威机构论证等，都是运用了这种心理。

案例

当前市场上服装品牌琳琅满目，想要最大限度地影响消费者，必须找权威人物做代言。美国纽约一家服装店就曾把奥巴马模样的模特穿上冬装放在橱窗里笑迎客户。厚实的外套加上奥巴马特有的略带夸张的笑容，吸引了不少关注的目光。

无独有偶，我们也经常看到类似的事情，为了强化产品的权威，很多产品会赋以权威人士、权威机构的头衔，例如，某某明星同款羽绒服，某国际机构认证的化妆品等。而有了这样权威的认可，很多产品就成为受众人热捧的爆款，尽管售价很高，依然有很多人购买。这样的效应值得每个销售人员重视。

对于消费者而言，他们在购买产品的时候，更愿意看到有权威推荐。因此，销售人员在向客户推销产品的时候，寻找权威人物推荐，或展示已有的权威论证，是获得客户信任的重要保证，如下图所示。

1. 推荐人要有正面、积极的社会影响力

在介绍产品时，如果能借助这一领域权威人物、机构的推荐，成功的机率会大增。研究表明，经权威推荐成交的机率可达到60%，相比之下，如果只靠自己单打独斗，这个机率只有1%~10%。可见，利用权威推荐来影响客户心理是多么重要。

然而，有很多销售人员在这方面做得却不太好，在面对陌生的客户时，往

往没有意识到权威人士的重要性，或者说，即使能找到推荐人，往往也无法发挥其作用。所以，在利用权威人士做推荐时还需要注意该推荐人首先要是正面、有积极社会影响力的人，比如，找某一领域有突出成就、威望较高的人，行业中有良好人缘、口碑的人。总之，在寻找目标时一定要选择对推销有影响力的人。否则，即使他说的话很对、很有道理，也会让人联想到其负面的那一面。

另外，要注意推荐人最好与所推荐的产品有某种联系，如买卖关系、合作关系，因为只有有了一定关联，才更有说服力。

2. 充分展示权威机构的认证

现在很多产品都必须经专业机构的认证才可面向市场，其实，这也是一种非常好的权威推荐。例如，瓷器、字画、珠宝等比较贵重的产品，必须配以专业机构的证书，消费者在购买时往往也是最看重这些。

因为，权威机构的认证也成为一种销售道具，想要快速取得客户的认可，销售人员就要充分展示权威机构的推荐或认证资料，让客户看到、听到，并充分意识到其重要性，这对客户的心理暗示非常大，有了它就相当于给客户吃了颗"定心丸"。

4.4 占便宜心理：多设置"免费试用品"

心理学知识索引

占便宜是人们常见的一种心理倾向，我们在日常生活中经常会见到这样的现象，某某超市打折了，某某厂家促销了，某某商店甩卖了，人们只要一听到这样的消息，就会争先恐后地向这些地方聚集，以便买到便宜的东西。

推销中流传着这样一句话，客户要的不是便宜，而是要感到占了便宜，客户有了占便宜的感觉就容易接受推销。这种"占便宜"的心理给了商家很多促销灵感，最常见的方法就是免费试用。

第4章
根据客户心理介绍产品，辅助客户做出判断

免费试用是最常见的一种促销手段，很多企业、商超常用这种方法来吸引客户、扩大消费。大多数客户在购买产品时也希望以此来获得更大优惠。

但是，这种方法真像想象的那么简单吗？事实上并不是这样的，因为当前各种促销陷阱很多，消费者警惕心非常高。在他们看来，天下永远没有免费的午餐，免费试用只是商家惯用的伎俩。而有的客户即使热衷于免费试用，也并没有真正的购买之意，无非是想体验一下。从这个角度看，免费试用这种方法使用得当可以锦上添花；使用不当，不但达不到预期效果，反而会造成不必要的损失。

因此，销售人员在用试用品辅助推销时，要能最大限度地发挥试用品的价值，既要让客户乐于试用，又要让他们感觉到很值。

这体现的不仅仅是一种销售策略，更是一个销售人员的语言技能和推销技能。只有灵活巧妙地把试用品充分融入推销中，才能发挥它最大的价值。那么，在免费试用促销的时候，应该注意哪些呢？

客户对"免费试用"这种促销方式大致有两种心理：

一种是"警惕心理"，他们对销售人员试用这些促销手段警惕心很高。这都源于一些不讲信用的商家以"免费"做幌子来欺骗客户，当前这种情况的确存在，一些媒体也大力宣传，让客户警惕上当受骗。

另一种是"占便宜心理"，大部分客户在购买过程中会有一种错误心理，就是销售人员理所当然应该为其提供免费试用的机会，但是对于很多企业或者商家来说，试用品只是诱导客户购买的一种工具。然而，长期以来，免费试用在客户心中却形成了一种"让利"。这样，双方的心理就出现了错位，从而形成交流障碍。这个时候，就需要销售人员把客户这种"理所当然"的心理纠正过来。比如，将试用品的价值最大限度地体现出来，最好是明确指出来，这样就会让客户感受到即使是试用品，也很有价值，从而引导客户心理发生转变。

免费试用是一种有效的促销方式，但是在极个别不良商家行为的影响下，很多客户对免费试用这种方式有偏见。销售人员在利用这种方式引导客户购买时，首先要消除客户这种偏见，明确告知或标明试用品的价格。否则就会出现两种结果，一是直接拒绝试用，二是试用之后默默离开，不会购买。这两种结果对于销

售都是没有好处的，将会损害公司利益。

4.5 标签效应：赋予产品以特定的标签

心理学知识索引

标签效应是指，当一个人或物被贴上某种标签时，他就会接标签受所赋予的属性，按照标签预设的方向发展。比如，孩子有好孩子与坏孩子之分，但好与坏并不是天生的，研究表明，大都是父母或身边人给孩子贴上了一个标签，标签对其日后的行为产生了引导作用。

关于标签效应，心理学上有一个著名的实验：

实验人员让一组从未谋面的男女通电话，通话之前，随机分给男士一张女士照片，告诉他们照片上的人就要通话的对象。

这些照片有漂亮的，也有不太漂亮的，拿到漂亮照片的男士在通话中非常热情，并频频说对方很漂亮；而拿到普通相貌照片的男士，通话劲头则没那么高，也不会有任何赞美性的语言。

最终，被男士们频频赞美漂亮的女士真的像男士们认为的那样，认为自己很漂亮（其实不然，这只是男士根据照片给出的一个标签）。

标签的力量很神奇，在日常生活中，我们每个人都或多或少地被贴上某个标签，好与坏、勤奋与懒惰、聪明与糊涂等。这些标签一旦被贴上，我们就很容易按照标签赋予的方式行动。

为了给消费者一个特定的影响，销售人员也可以给产品赋予一定的标签，尽管，产品不会根据标签属性去发生改变，但可以一定程度上影响消费者的内心。

现代社会是一个个性释放的时代，人们的需求随着经济产品的丰富越来越多样化、个性化，他们的需求不再局限于产品的质量、低廉的价格，而更倾向于需求的个性化、独特化，这就需要产品有一个个性化的标签，以此来满足人们的特殊需求。

第4章
根据客户心理介绍产品，辅助客户做出判断

那么，该赋予产品哪些标签呢？通常有以下三个，如下图所示。

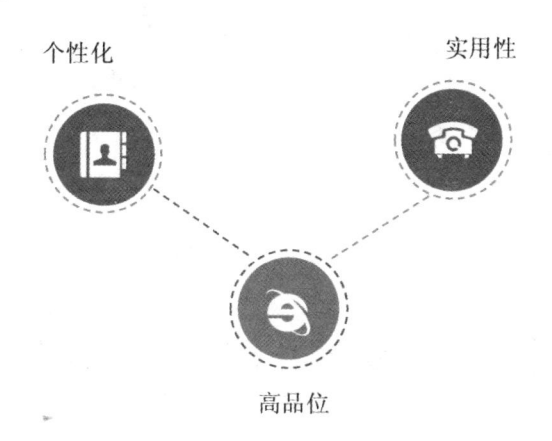

```
        个性化                    实用性

                    高品位
```

1. 个性化

年轻的消费者往往是流行时尚的消费群体，他们富于幻想、勇于创新，趋向求新求美，容易接受新鲜事物。对于时髦的商品特别敏锐，非常注重商品的美观、新异。

年轻的客户好奇心特别强，喜欢标新立异，追求时尚。对于那些新鲜、流行的事物往往都很钟情。所以，他们的购买范围较小，往往集中在少数的几个品种之间。销售人员要知道他们的购买心理和习惯，介绍时一定要突出产品的"新""奇"等主要特性。

2. 实用性

相对于年轻客户来说，中年客户在购买产品时，更多的是看重产品的质量，注重产品的实用性。因此，销售人员面对中年客户群体时，首先要用高质量的产品来获取对方信任。只要把产品与他们的事业、生活、家庭紧密地联系起来，认真地、亲切地与他们交谈，才更容易取得客户的信任。

3. 高品位

大多数人在追求产品的实用性的同时，也注重产品在品质、品味方面的价值。他们在购买产品时，往往会讲究产品质量是否好，是否有品味。因此，他们在买

东西时，经常会问"这是什么牌子的？""这是哪里出产的？"

值得一提的是，产品的个性不能脱离市场，脱离实际，盲目地追求新、奇、特。否则，即使你的产品有很大的特色，消费者也很难接受。再者，不搞市场调查，不了解消费者的需求愿望，是不可能设计出有特色的产品的。因为客户需求是新产品个性设计的来源，只有了解了消费者的需求，才能获得个性产品的创意。

4.6 感官协同定律：鼓励客户全方位体验

心理学知识索引

人在获取信息时，可以运用视觉、听觉、嗅觉、感觉等多个感官。研究表明，参与器官越多，获取得的信息量就越大，对信息的印象也越深刻。也就是说，多种感官齐上阵，协同记忆，能够提高对信息的接受和感知效果。

心理学研究发现，人通过听觉获取信息，最终留在头脑中的只有15%，通过视觉获取信息，留在头脑中的达25%。但如果把听觉和视觉结合起来，就能记住65%。美国心理学家格斯塔做过一个实验，证明了这个理论。他把智商相近的10个学生平均分为两组，每5人置于一个屋中，第一组的屋里放了5张椅子和5本《圣经》，第二组的屋里除了椅子和《圣经》之外，还有几本宗教故事画集，播放着的宗教音乐；然后，要求两组被试者同时背诵《圣经》。结果发现，第二组的记忆效果远优于第一组。为什么？原因就是第二组充分了调动了视觉和听觉，让被实验者在阅读《圣经》时可以充分发挥听觉器官的作用。

这说明，在信息的获取上，感官系统参与得越多，获取效果越好。这又叫感官协同定律。在销售中，销售人员也可以利用这个定律，充分调动客户的听觉、视觉，抑或触觉等器官，让客户全方位参与，以增强对产品的感知，强化体验。

比如，在销售前，先邀请客户试用，或举办公益活动等让客户参与到销售中来，以大大增强客户的体验。有些企业通过组织各种趣味性强、参与式强的活动,并提供奖品,吸引不少人来观看或参与,从而达到增加来店顾客数量、带动销售量的目的。

案例

李女士决定买一辆车,但不知道什么车好在朋友的推荐下,跑了大半个北京城,看了好多售车点,反复比较,也没中意一款。

一次,她走进一家新开的4S店,接待她的是一个姓段的业务员。

这位业务员一看见李女士就亲切地称呼:"太太,您好",接着就请她坐在接待厅中的一张方桌上。请坐、递茶,一举一动都十分规范、优雅,顿时让李女士心头一热,倍感舒服。

接下来这位业务员坐在李女士旁边交谈起来,李女士心直口快,将自己的苦衷倾诉了一通。她仔细听完李女士的话后,了解到她是一位新手,并判定迟迟无法选中自己的爱车,原因不是对某个车不满意,而是对车存在一种恐惧,不敢上手。只要解决内心的恐惧,就很容易让她下决定。

于是,这位业务员向客户推荐了几款轿车,并仔细介绍不同型号车的性能。在介绍过程中,亲自示范,请李女士体验。最终,这位业务人员没有费太多口舌,仅仅依靠亲自示范就帮助客户选中了一款车。

上述业务员在销售过程中,正式利用了感官协同定律,让客户对每一辆车都有了进一步的认知和认可,更重要的是消除了内心的恐惧,使接下来的推销更简单、更顺利。因此,感官协同定律核心就是充分调动用户的参与感,让客户在完整的产品身上获得自我成就感。这一定律运用得好,不仅能够提升产品销量、获得产品口碑、还能增加用户复购率、提升用户忠诚度。

那么,运用这一定律具体又有哪些方法呢?可以从以下两个方面入手。

1. 引导客户亲自操作

有的产品操作性比较强,只凭销售人员的语言解释不清楚,只有客户亲自操作才能对其有全面、深刻的印象。这个时候,就应该主动去引导客户自己动手体验。亲自动手能让客户更真实,近距离地去感受产品带来的好处。这样,即使客户没有完全理解与产品有关的文字含义,也可以轻松地记住产品功能。

宜家非常注重引导客户亲自操作,宜家产品大多需要客户自己动手组装,而宜家的销售人员也十分认同这种"自己动手、丰衣足食"的理念,认真引导客户动手操作,客户也都感觉自如,自己从货架上取货、组装、付钱。

2. 为客户提供相关的服务

服务是体验营销中非常重要的一个构成要素,良好的服务可以大大增强产品的体验。只有高质量的产品,相应的服务如果跟不上的话,那该产品也不是完美的。作为销售人员,要明确地知道服务必须与品牌、产品相符。

纵观那些优秀的产品,都在打造相应的服务。例如,苹果的产品设计时尚,价格不菲。同时,它提供的客户服务也与其品牌、产品精准呼应,并且按客户所需"度身订造"。如,客户在使用产品过程中遇到疑惑或问题,既可以浏览苹果知识库寻求问题解决方案,也可以给苹果公司产品部门发邮件,或与公司的技术专家通话,专家可将问题一一处理,甚至还会主动打电话给客户。

4.7 配套效应:配套产品总比单件产品好卖

> **心理学知识索引**
>
> 配套效应,又称狄德罗效应,是指某一事物因改变了自身适应系统或环境,另一事物也需要相应地做出改变的一种现象。这种效应广泛存在于自然界中,像鱼与水,水干了,鱼就无法生存,鱼和水就是一个配套系统。

18世纪,法国有个哲学家叫丹尼斯·狄德罗,一天,朋友送给他一件质地精良、做工考究、图案高雅的酒红色睡袍。狄德罗非常喜欢,可他每当穿着这件睡袍时,总觉得和房间无法融合。是家具的风格?地毯的图案?为了与睡袍相配套,他先后更换了家里的家具、装饰等。然而,他心里仍是感到不舒服,最后,甚至觉得家里的一切都与这件睡袍不搭配,最后他才意识到,自己"竟被一件睡袍胁迫了"。

第 4 章
根据客户心理介绍产品，辅助客户做出判断

两百年后，美国哈佛大学经济学家朱丽叶·施罗尔把这种现象称作"配套效应"，因为与丹尼斯·狄德罗的故事有关，也被称为"狄德罗效应"。是指人在拥有了一件新的物品后，为了适应这个变化，不断配置与其相适应的物品，从而达到完全转变的目的，其实就是寻找心理上的平衡。

这个现象也反映在人们的消费心理上，而且这是现代人消费的一种理念。比如，一个人走过某品牌的专卖店，看到心仪已久的裤子正在打折，但仍然非常贵，差不多需要他月薪的一半，由于是自己心仪已久的还是咬咬牙买了。穿着新裤子，心里那个美呀！这是自己最满意的一件了。然而，当他穿上这条新裤子后却忽然发现，已经有些陈旧的上衣显然与这条新裤子不搭。于是，就认为上衣也该换了，紧接着他又买了件上衣。有了上衣，发现皮鞋、皮带都有些不搭，因此接二连三地也换了。本来只是计划买一件打折的裤子，结果买了一整套。

其实，这是一个非常正常的现象，现实生活中这样的人很多，他们认为整体更换是身份的象征。站在卖方的立场来分析，这绝对是一个好现象，在位客户介绍产品时候，可以抓住客户的这种心理，将一件产品变为一套产品，为给客户介绍主产品的同时，也要配以其他副产品，将产品集体打包出去。

案例

芭比娃娃是很多小女孩喜欢的玩具，它的魅力在于是一套配套产品，能自动引发导消费者连续消费。

约瑟比是一位芭比娃娃批发商，一天，他了解到客户的小女儿马上就要过生日了，于是，将一个芭比娃娃作为礼物送过去，令他没想到的是，这个礼物竟然促成了一笔大订单。

原来，当天晚上，客户女儿对自己的爸爸说："爸爸，芭比说了，她需要一套新衣服。"原来，这个芭比娃娃自带语音，会定期提醒小主人给自己穿衣服。每个做父亲的都爱自己的孩子，这位爸爸也不例外，于是就花了45美元买了件芭比娃娃"波碧系列装"衣服。

大约过了半个月，女儿又说"芭比要当'空中小姐'了,需要一套空姐制服"。

金牌销售赢得客户心理的八大关键

爸爸于是又掏钱买了件空姐制服，接着女儿又接连提出，芭比要当护士、当舞蹈演员，需要相应的衣服。从这件事情上，这位爸爸意识到了芭比娃娃的"吞金能力"，表面上看只是售价几美元小玩具，其实养活这个娃娃需要连续投入，因为它会不断转变角色，要小主人为它买新衣服。

其实，芭比娃娃之所以风靡市场，魅力不在于本身，而是花样百出的搭配产品，几乎每个搭配产品都会令娃娃这个主产品焕然一新，给消费者带来全新感受。

芭比娃娃很好地利用消费者对配套产品的追捧，是典型的利用"配套效应"打开市场的手段。配套效应是一种发展的动因，能促进周围事物的变化发展和更新，只要消费者接受一个，就会根据已接受的再去接受若干个或一大批。

因此，对于销售人员来讲，要善于运用配套效应。在很多销售实践中，我们也经常看到很多销售人员（商家）利用配套效应。例如，"买3999元电脑，送耳机、送高档鼠标垫、送免费一年上门维修"，为什么不是把耳机、鼠标垫、上门维修服务的价格直接零售，而是包括在3999元里面？这就是为了充分放大配套效应，让消费者感觉到，同样是花3999元，却可以买到一堆产品和服务。

在人的心里，对损失和收益的感知并不是线性的，假设你获得100元能得到某种快乐，而想得到双倍的快乐可能需要400元，而不是200元。同样，损失100元受到的某种痛苦，可能要损失400元才能感受到双倍的痛苦。所以，把所有的成本折到一起，给用户一个总价，让用户一次支出3999，而不是感觉到多次支出（为电脑支出3000，为耳机支出200，为维修支出200……），用户就觉得付出这些金钱没有那么痛苦。

所以，对客户说"电脑4000元，包邮"肯定比"总共4000元，其中电脑3980，邮费20元"效果要好得多。

第 4 章
根据客户心理介绍产品，辅助客户做出判断

4.8 贝勃定律：要由大到小逐步报价

心理学知识索引

贝勃定律来源于心理学家贝勃做过的一个实验：一个人右手举着 300 克的砝码，这时在其左手上放 305 克砝码，他就会感觉左手砝码有些重。如果右手举着 600 克，左手上的重量要达到 612 克才能感觉到有些重。实验说明，原来的砝码越重，后来就必须加更多才能感觉到有所差别；反之就会觉得差别不大。

贝勃定律在生活中到处可见。比如，5 毛钱一份的晚报突然涨了 5 块钱，那么你会觉得不可思议，无法接受。但是，如果原本 500 万的房产也涨了 5 块，甚至 500 块，你却会觉得价钱根本没有变化。

因此，销售人员在向客户介绍产品的时候，报价需要非常有技巧，只要不是明码标价的产品，都需要报价这个技巧。然而，这一技巧则成为令很多销售人员头疼的问题，因为任何报价都会引来客户的不满和异议。

报价既不能太高又不能太低，一旦不符合客户的意愿，极有可能遭到客户的拒绝。报得太高客户会认为你漫天要价，太低又会损害公司的形象和利益。所以说，某种程度上说，报价直接决定着销售的成败。

★ 案例

小丁是一位模具制造机器供应商，在一次与客户的沟通中，就灵活地运用了报价的技巧，使得客户一步步地逐渐陷入他设下的"陷阱"。

当时他买的一种机器市场价是 20000 元，他直接向客户报价 22000 元。对方嫌高，一再要求小丁降价。而小丁之前已经意识到会有这种情况，但是考虑到自己的报价和市场价之间只有 2000 元的降价空间，他没有轻易松口。

他对客户说："你的状况我也了解，也感觉到了你的诚意，但是，我只能为你优惠 500 元。"

金牌销售赢得客户心理的八大关键

"500元？不，这远远高于我们的预期，而且我们财务规划里并没有这么多资金。"

"我们也不是第一次合作了，我会尽力配合你的，但说实话，产品的价格也不是由我说了算，在我的权限之内我向公司申请一下，再为你优惠一点,怎么样？"

"不，还是有点高，我觉得您的诚意不够，如果你再降200元，就不用你们麻烦了，我就签约。"

"看你也是爽快人，我自作主张为你优惠200元，就算我教你这个朋友了。"最后双方签订合同。

由此可见，销售人员在与客户谈论价格的时候一定要注意运用些心理效应。有经验的销售人员都知道，报价是有一定技巧的，只要顺应客户心理，很多时候可以化危为安，让客户心安理得地接受。

1. 对客户心理价位有一定的了解

报价，首先要对客户有个全面深刻的了解，也就是说，销售人员要知道你在向什么人推销。比如，客户公司的采购部门分为采购经理和采购人员，或者还设有其他职位的人。虽然同属一个部门，但由于决策权不同，报价就会有所不同。如果直接面对采购经理则可以报得低一些；如果面对的普通采购人员，报价则要相应高一些，因为按照正常流程，采购人员在得到报价后，还要经采购经理审核或再次议价。当销售人员没有找到主要决策人的时候，报价往往是没有用的。

所以，销售人员必须对客户心理价位有一定的了解，之后才宜做出决定，以做到报价有的放矢。那么，要事先了解客户的哪些信息呢？如右图所示。

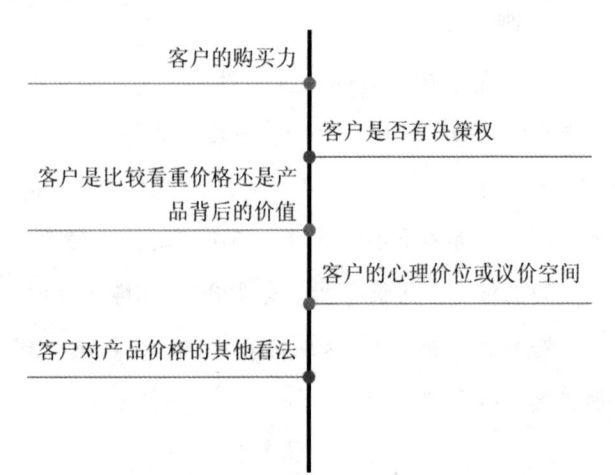

- 客户的购买力
- 客户是否有决策权
- 客户是比较看重价格还是产品背后的价值
- 客户的心理价位或议价空间
- 客户对产品价格的其他看法

第4章
根据客户心理介绍产品，辅助客户做出判断

2. 报价要给与客户沟通留有余地

销售人员在与客户就价格进行探讨时，因不知道对方的底价，而不敢轻易降价。因为任何一个客户都会针对产品现有的定价格展开一番争论，目的就是降低价格，即使价格是合情合理的，对方也希望卖方作出让步。因此在起初报价时就要留有足够空间，以便及时、灵活应对与客户沟通过程中可能出现的问题。

3. 掌握报价方法和技巧

任何成交都是在讨价还价中实现的，所以，销售人员不要怕客户对价格提出异议。唯一能做的就是，提高报价方法和技巧，灵活应对，下面就是一些具体方法，如下表所列。

方法	内容	实例
实话实说法	客户在提出价格异议初始阶段，销售人员就要直接了当地向对方阐述价格的公道性，义正言辞，不要给对方还价的余地	客户："这要比网上的高出一千多？" 销售人员："你看到的信息可能是活动促销价，当前网上网下基本上是同步的。"
凸显优势法	在报价之前，首先明确指出产品的最大优点，然后根据优点进行证明	销售人员："这款投影机质量绝对有保证，已经进行了消费者协会的认证，你看这是信誉证书。最大的优势还在于便于携带，像您经常野外拍摄用这款再合适不过了。"
利益共享法	强调商品本身对客户的价值，在的阐述时候，要强调双方之间的利益相互的，只有价格公道，才能达到双赢的效果	销售人员："如果我是您的话，我会选择这款产品，虽然价格贵了点，但电池待机时间更长，携带方便，考虑到您经常出差，还是这款机型比较适合你，会减少你在旅途中的许多麻烦。"

续表

方法	内容	实例
以退为进法	客户往往会抓住产品的某个缺点或不足要求在价格上做出让步，这时销售人员要先肯定对方意见中非实质性的内容，然后，借机顺势表达的看法	客户："我很少听说这个品牌的产品。" 销售人员："正如您说的，我们的产品知名度还不是特别高，这与公司正处于起初阶段有关，目前主要精力集中在技术研发上，在产品推广宣传上尚未完全展开。一个产品最核心的就是它的技术。"
迂回补偿法	当销售人员无法通过质量或其他卖点来打消客户价格异议时，就要利用其他方式进行补偿	销售人员："这个价格已经是最底了，实在不能再降了，这样吧，我送你一块×××？"
借用外力法	借助领导或主管的力量，让客户感觉到价格的下浮的确不容易，从而达到不降价或少降价的目的	销售人员："这款产品的价格已经是最低了，在我的职权范围内已经无法做决定，这样吧，我向领导申请一下，看有没有优惠的可能。"

无论哪种报价方法，在与客户交流的过程中，都要根据当时的实际情况和客户需求灵活运用，切不可生搬硬套。

4.9 相关定律：从关心客户的其他事情入手

> **心理学知识索引**
>
> 事物之间是相互关联的，整个世界是一个相互联系着的统一整体。由于事物间的普遍关联性，不同事物之间相互作用、相互影响。人们从事物间存在普遍联系这一客观事实为依据，得出了"相关定律"。

第4章
根据客户心理介绍产品，辅助客户做出判断

世界上没有孤立存在的事物，所有事物都处在纵横联系之中。自然界的积云成雨，说的是云与雨之间的关系；水涨船高，说的是水与船之间的关系，这都是遵循了相关定律。相关是指人们在进行创造性思维、寻找最佳思维结论时，由于受到已知事物的启发，便联想到相似和相关的事务的解决方法。

相关定律给我们的启示是，这个世界上的每件事情之间都有一定的联系，没有一件事情是完全独立的。要解决某个难题最好从与其相关的某个地方入手，而不是只专注在一个困难点上。当专注于某个难题无法突破时，不妨从与它相关的地方着手。

在与客户沟通的时候，"钱"是一个非常敏感字眼，碍于面子很多销售人员不愿意直接向客户提起"收款"一事。事实上，很多客户也是利用销售人员的这种心理，以各种理由来拖延付账。如果遇到这类型客户，就不得不回避这个敏感的话题，销售人员在催款时，可以采取声东击西之术，先从关心客户的生意开始。比如，问问客户最近的工作进展如何，销售额多少等。总之，不要让对方看透你的真实想法。

案例

王军是一位钢材销售人员，他与客户张老板有多年合作，但由于对方几次声称资金有压力，王军便允许对方先进货后付款。

久而久之，客户欠了不少货款，且有恶意拖欠之意。因此，催款也成为王军一个必不可少的任务，催款，很多人都认为很难，然而他每次似乎并没有那么困难。他的技巧在于从不直接催款，而是先从客户的生意入手：

王军："张老板，你好，我是××公司的王军，您这段时间生意做得很不错啊。"

张老板下意识地回答："老样子，勉强度日而已。"

王军："看您总是这么谦虚，我可知道这段时间您从我这进的货可真不少，贵公司进货员小强最近要货也挺勤快，这不这次又要了二十万元的货。"

听到这个数字，张老板略显惊讶："有那么多吗？"

这时，他更有底气了："所以麻烦您也帮帮我，结下上次货款，您看马上到

金牌销售赢得客户心理的八大关键

月底了，我也是有苦衷的，这个月不收回货款，下个月连发货的资金也没有了。

张老板："没有你说的那么严重吧。"

王军："争取在三天之内帮我安排一下，怎么样？"

张老板："一下支付这么多，资金有点紧张啊。"

王军："是多了点，您看这段时间发了多少货啊，一百多万元！您卖得那么好，这点钱不算什么！而且马上又有新货要发了。"

张老板见王军这么有底气，且似乎早已掌握了自己手中有钱的证据，不得已答应支付货款。

上述案例中王军催账之所以如此轻松，就是因为说话十分有技巧。避开直接开口要钱这个敏感点，转而先谈论一些与收款没有直接关系的发货、售卖话题，然后从中找到破绽，再巧妙回到主题上来。

这就像古代战争中的声东击西之术，要善于避开争锋，从侧面分散正面敌人的对注意力，迂回包抄，然后寻机各个击破。由于客户事前已经表现出不想立即付款的念头，试想，如果王军再坚持要对方付款，对方肯定会以各种理由拒绝。不但分文未得，反而会让对方抓住把柄，拖延时间。

尽管这是一个售后催款的难题，但也可用于售前、售中等各个阶段。为了激发客户的购买欲望，销售人员也有必要采取一些相关定律中的策略，与客户周旋。那么，如何采用这种战术呢？应注意些什么呢？主要有以下三点。

1. 分清客户类型

对付款不爽快却十分爱面子的客户，可以在办公场所当着其员工的面，要求他付款，此时他会顾及公司的形象而结清货款；甚至可以在下班时间到他家里去，他不愿家庭生活受到干扰也会立即结款。对付款爽快的，则应明确向其告知结款的原因及依据；并可经常地鼓励他，并纳入信誉好的代理商之列，引导客户良性发展。

2. 针对不同的借口采取不同的行动

当客户以某某人不在为借口不付款时，可以联合其他厂家的业务人员一起，以众人的力量给其施加压力；而当其资金确实紧张时，则应避开其他厂家的业务人员，单独行动。如果拒付原因涉及产品或公司利益时，销售人员则应反省是促销不力，还是其他政策没有落实到位影响了客户的积极性。

3. 把握好切入时机

催款有很多技巧，时机不对往往无功而返，很多生意人非常忌讳一个问题，那就是在每周的第一天或每月的头几天有人来催账，因为这预示着这周或这月生意要亏本，虽然有些迷信，但的确是一种心理状态。作为销售人员不得不注意着点，避免在每周星期的第一天、一个月的前几天找客户结款。

4.10 自我暴露定律：适度暴露产品缺点并不是坏事

心理学知识索引

自我暴露定律，是指在人际交往中，无论优点还是缺点都毫不掩饰地透露给对方，适当地展示自己的真实情感和想法，取得对方的信任和理解，进而得到对方语言上和行动上的支持。

在常人思维中，暴露自己的缺点或劣势是不符合逻辑的，不但会降低自身的含金量，还会损坏别人对自己的好感。其实恰恰相反，社会心理学家经过反复实验发现，适当地暴露自己的缺点或劣势，反而会增加他人对自己的好感。

案例

亨利·霍金士是美国亨利食品公司董事长，有一天，他从报告单上发现食品配方中添加的一种防腐剂会对消费者身体造成损伤，虽然副作用不太大，但如果长期食用仍有一定的坏处。更可怕的是，一旦被相关部门查实，就会造成极坏的社会影响，给企业带来更大损失。

于是，有人建议他，趁没有被发现，不妨悄悄地从配方中删除这款添加剂。然而遭到了他的拒绝，反而将这一丑闻主动公之于众，明确地向社会公开宣布：××食品一款防腐剂中有毒，对身体有害。

金牌销售赢得客户心理的八大关键

丑闻一出，同行们立刻联合起来，共同抵制他的产品，公司几乎到了倒闭的边缘。然而，出人意料的是，就在这个关键时刻出现了转机。由于他的诚信，产品竟成了家喻户晓的明星产品，成了人们最愿意购买的。因为所有人都相信，一个不惜冒着倒闭危险将真相告之民众的企业，还有什么让人不放心的呢？

在政府支持，尤其是消费者的信任下，亨利公司很短时间便恢复了元气，规模比原先扩大了好几倍，一举坐上了美国食品公司的头把交椅。

上述案例，其实就是我们常说公关危机，公关危机也是自我暴露定律在实践中的典型运用。这说明缺点和劣势并不可怕，只要在合适的时机，以合适的方式暴露出来，更容易取得大多数人的理解、支持和信任。同样，对于产品而言也有自己的优势和劣势，而很多销售人员在推销时往往会无限放大产品优点，极力回避其缺陷与不足。这样的做法，反而不利于销售工作的开展，会让客户觉得你诚意不够。

客户之所以有这样的反应，就是心理学上的"自我暴露定律"在发挥作用。通常而言，人的心理可以分为三个领域，具体如下图所示。

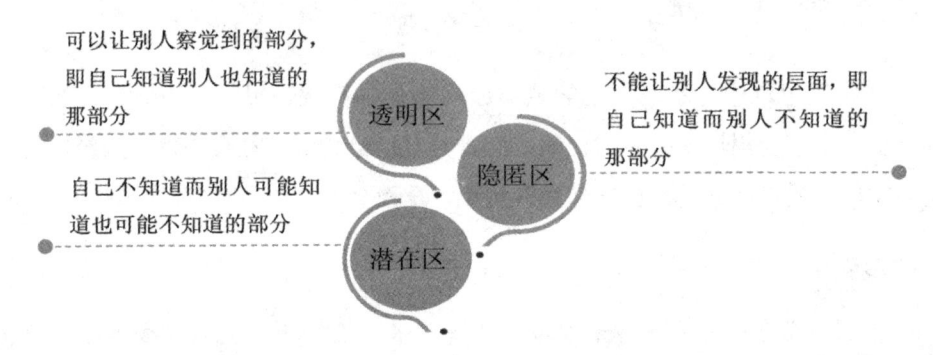

可以让别人察觉到的部分，即自己知道别人也知道的那部分 —— 透明区

不能让别人发现的层面，即自己知道而别人不知道的那部分 —— 隐匿区

自己不知道而别人可能知道也可能不知道的部分 —— 潜在区

研究发现，这三者在一个人心理总量中所占的比例很大程度上决定了他的心理健康程度。在健康的心理中，透明区最大，隐匿区较小，潜在区最小，如果顺序颠倒，隐匿区大于透明区，或者潜在区过大，都是不健康的心理状态，如下图所示。

第4章
根据客户心理介绍产品,辅助客户做出判断

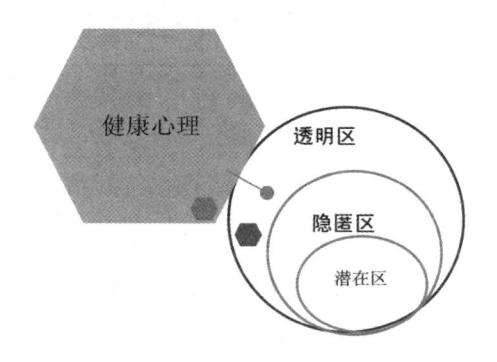

在人际交往中,每个人都希望对方透明区大些,坦率、真诚,任何隐瞒都会让彼此产生不信任感。产品的推销过程追根究底也是人与人的交往过程,在向客户介绍产品时,如果刻意掩饰产品的劣势和不足,就像与人与交往,不但不会增加客户对产品的好感,反而会适得其反。

案例

一位客户在商场购买衣服,他看上了一款灰色的西服,在准备试穿时发现背部有很多褶皱。发现后,这位客户转身欲走,这时销售人员小薇走向前。

小薇:"先生,您的眼光真不错,为什么不继续试穿一下呢?"

客户:"后背怎么这么多褶皱?"

小薇:"这些褶皱是在进货时折叠压成的,这也是这套衣服唯一的不足了。"

客户:"那这样的衣服如何能卖出去。"

小薇:"其实这些褶皱不是质量本身问题,如果您喜欢的话,我可以帮您处理一下。"

客户:"难道刚买的新衣服就要去处理一下,这不跟旧的一样吗?"

小薇:"先生,我明确告诉您这件衣服质量没有任何问题,至于这些褶皱,我可在价格上给您优惠一点,您看怎么样?"

客户:"怎么优惠?"

小薇:"八折,这已经相当优惠了,正常情况下这个价根本买不到。"

客户:"好吧。"

金牌销售赢得客户心理的八大关键

因为产品某个小小的缺点而导致推销失败的例子非常多。很多时候产品的缺点就成了推销的拦路虎，一提到产品有缺点，不但客户退避三尺，连大部分销售人员也不敢正视这个问题。

作为销售人员，你不主动给客户解释清楚，客户只能拒绝购买。正如上面例子中的小薇，她对于衣服上的褶皱没有回避，而是大胆地将这个缺点告诉客户，解释清楚其中的原因，征得客户的原谅，并提出解决问题的办法，从而很好地化解客户心中的疑虑。

因为在大多数客户看来，任何产品总会存在某个方面的不足，或者价格太高，或者包装不漂亮，或者没有特色，这些缺点不会因刻意隐瞒而不存在。

1. 主动承认产品存在的劣势与不足

销售人员永远不要把产品的缺陷当作秘密，因为这是对客户一种欺骗行为。如果你事先向客户说清楚，顺势将产品"缺陷"背后的劣势和盘托出。起码可以在客户心中树立一种诚实的形象，这也为接下来的推销奠定了一个基础。因为，如果客户坚持认为产品的缺陷比较严重，拒绝购买的话，也可以推荐其他类似的产品。

2. 化被动为主动，巧妙转化弱点

一味逃避被消费者广泛认知为"弱点"的属性，必然在消费者心中导致安全感的缺失，而真诚面对，化被动为主动，可以将"缺点"演绎为品牌独有的"优势"。因为任何事物的优劣势都是相互转化的，在特定的情况下，劣势可以转为优势。这就完全在于销售人员如何看待这个问题，如果能够以积极的态度，独特的视角用心推销的话，可以结合客户的实际需求实现优劣势转换。

所以，当客户对你提出产品存在某些缺陷之前，你要对每一个主要的不利点做好心理准备，将缺点当着客户的面提出，尽可能地弱化产品的劣势，从而将其转化成优点。

3. 根据客户需要，用良好的态度弥补产品缺陷

当产品存在某些缺陷的时候，即使是非常微小的不足，也会让客户感到物

第4章
根据客户心理介绍产品，辅助客户做出判断

非所值。这时，销售人员就要注意自己的服务态度了。你良好的服务态度可以很好缓解客户的不平衡心理。

如果产品的确存在某种缺陷，销售人员在向客户推销的过程中忽略或者故意隐瞒了这一点，那只会令你自己的推销工作更加艰难。如果客户事先知道产品存在缺陷，你在介绍的的时候不说，则可能给对方不诚信的印象，从而导致你失去信誉；即使暂时可以蒙混过关，如果给客户造成重大损失的话，对方会要求赔偿，甚至引发法律纠纷。

当然，并不是说一个人自我暴露得越多就越好，不管什么事情都得拿出来与别人分享。如果一个人过多地自我暴露，不仅不会拉近自己与他人的距离，反而会让人觉得厌烦。试想一下，一个人成天在你面前喋喋不休地谈论自己如何如何，你会不会觉得很烦呢？心理学家认为，自我暴露应该适中，对关系比较密切的朋友可以多做一些自我暴露，对一般的人就要少一些。

4.11 多听少说，注意倾听

心理学知识索引

在双方对峙中，如果敌人处于优势，你就要相对地少动一点，以消磨对方的体力、智力。当对方过度消耗之后，就会出现"衰竭"的情况。这时你的劣势就变为优势了，然后再发起攻击，取胜的把握就大多了。

倾听是销售人员与客户沟通的最好的方法之一。凡是金牌销售人员，往往都注重去聆听，不但要倾听客户的需要、渴望和理想，还包括对方的抱怨、异议或者投诉。日本销售大王原一平说："对销售而言，善听比善辩更重要。"

可见，倾听比一味地讲解更有效，对于销售人员来说倾听是一条销售秘诀。只有耐心倾听客户讲话，才能知道客户需求在哪里，也能更好地满足客户需求。如果连耐心地倾听也做不到，即便说得再多也难以打动对方。

金牌销售赢得客户心理的八大关键

★ 案例

晓嵩是某外贸公司的销售经理,在与国外某客户公司进行一项贸易合作中,他就巧妙地运用了以退为进的策略。

当时,与客户沟通地点在国外,销售一开始,外方销售代表就表现出强硬的态度,要求:中方作为卖方,应该主动报盘,陈述购买产品的具体情况。在与客户沟通中,外方始终不肯作出一点让步,为了促成这笔交易,晓嵩等中方代表仍然没说多少话,看其究竟要怎样。

当报盘结束后,外方代表带着满意的笑容,满怀自信地转向我方代表,问:"就介绍到这儿吧,你们认为怎么样?"

此时,晓嵩尽管已经有些不满,但仍表现得十分冷静,静静地坐在椅子上,只说了一句话:"对不起,我对你方的介绍不太明白,我希望贵方能再详尽地介绍一遍。"

连续三个小时的长篇大论后,中方不温不火的态度终于令外方代表再也无心讲解下去,因为他们似乎明白了"好像没人听"。外方终于"再而衰"了。

"我们希望你们能再详尽地介绍一遍。"连续三个小时的长篇大论,有谁愿意继续讲下去呢?

眼看快到中午了,外方代表不耐烦地说:"好了,我是不会再讲一遍了,下午我们重新开始谈吧。"

下午,外方尚未从上午的低落情绪中调整过来,可能谁也想不到,中方代表趁此突然袭击,分析得有理有据,头头是道,外方节节败退。

在与客户沟通中,中方代表面对外方代表的蛮横无理、巨大的压力,运用了以静制动的战略,就像一拳打在棉花上,用再大的力也无法发挥作用。这种策略的具体做法是:在对方要价很高态度又坚决的情况下,请其等待己方的答案,或者以各种借口来拖延会谈时间。这样拖延一段时间后,对方已信心大减,而在这一期间己方准备了充足的销售材料,足以和对方讨价还价。

以静制动这一策略要求销售人员在与客户沟通中千万不要急躁,要沉稳自

第4章
根据客户心理介绍产品，辅助客户做出判断

信，注意倾听。

当然，这里所指的倾听，不仅仅是用耳朵来听，也包括用眼睛去观察对方的表情与动作，用心去为对方的话语做设身处地的考虑，用脑去研究对方话语背后的动机。与客户谈判时必须做到"耳到、眼到、心到、脑到"，综合去倾听。

可见，销售中的倾听是有技巧的，要多观察、多分析、寻找机会，重新取得谈话的主动权。那么如何更好地倾听呢？注意以下四个事项，如下图所示。

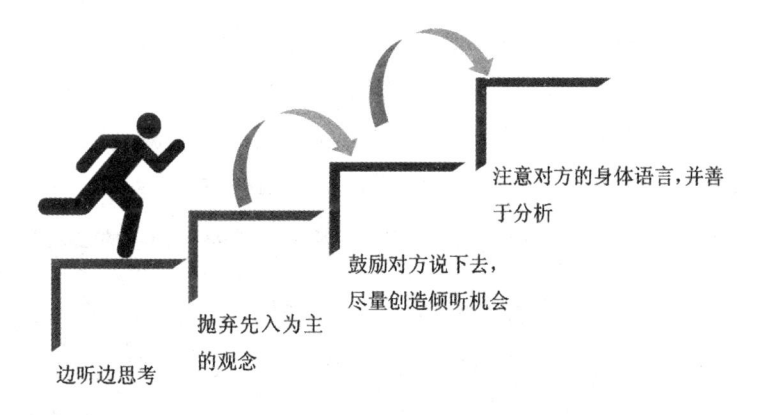

- 边听边思考
- 抛弃先入为主的观念
- 鼓励对方说下去，尽量创造倾听机会
- 注意对方的身体语言，并善于分析

1. 边听边思考

雄辩是银，聆听是金，与客户交流过程中，听也是一种无声的交流，任何一个销售人员都要重视"听"，并在倾听的过程中不断地思考。与客户沟通的同时，发挥倾听的作用更能够充分地了解客户当时的心理状况。那么，销售人员在倾听的过程中应该注意些什么呢？具体有以下七个方面，如下表所列。

注意事项	具体内容
1	对方说了什么内容？
2	对方为什么要这样说？
3	对方的话哪些值得相信，哪些不值得信？
4	对方的话有没有其他言外之意？
5	客户想陈述一件事情，还是仅仅说说而已？
6	客户的话中隐藏着什么潜在需求？
7	从对方的谈话中，我能得知哪些信息，下一步该如何应对？

2. 抛弃先入为主的观念

只有抛弃那些先入为主的观念，才能去耐心地倾听客户的讲话，才能正确理解对方讲话所传递的信息，从而准确地把握对方话语的核心所在，才能客观、公正地听取、接受对方的疑惑与不满。

3. 鼓励对方说下去，尽量创造倾听机会

要想营造一种较为理想的谈话氛围，并鼓励客户谈下去，再谈下去，作为倾听方，就需要采取一些策略鼓励措施。倾听对方的阐述需要做好相应的准备，否则，倾听时心不在焉，会让对方觉得你根本就没听，从而会让对方感到不愉快，也会觉得你没有合作的诚意。因此，在倾听时一定要给对方营造一种心情愉快、愿意继续讲下去的氛围，其基本技巧之一，就是用微笑、点头、目光等赞赏来表示对客户的呼应，来显示自己对客户谈话的兴趣，从而促使对方继续讲下去。

4. 注意对方的身体语言，并善于分析

与客户沟通上不仅仅是语言的交流，也有大量的行为交流。对方在表达自己思想的时候，总会辅助一系列的肢体动作、表情来配合。所以，销售人员不仅要听其言，还要观其行，认真观察对方每一个细微动作，每一个表情。通过观察对方的言谈举止，捕捉其内心活动的蛛丝马迹，准确把握对方的行为与思想，也可以从对方的姿态、神情中探究其心理。

善于察言观色，不仅可以判断对方的思想变化，决定本方对策，同时还可以有目的地运用语言传达信息，使销售向有利于自己的方向发展，并进而寻找对方破绽，攻击要害。这就是在销售领域中运用以静制动的关键。

通过对方的身体言行，销售人员要进行总结，对对方的谈话去粗取精、去伪存真。尤其是客户提出的的问题、异议，更要慎重对待。只有把客户的意见转化为自己观点，才能真正地把握对方的真实需求。值得注意的是，对方在谈话过程中，不要因轻易地抢对方话、插话，或者发现对方不同意见就急于反驳、或者放弃听对方的发言。这种策略的精髓在于以柔克刚，避免硬碰硬。

第5章

玩一场心理博弈战，促使客户拍板购买

> 金牌销售人员在面对客户时，总能做到谈吐自如，时而优雅、时而激情、时而亲切、时而威严。是什么让他们每一次都显得如此从容？是什么让他们每一次都志在必得？最关键的就是他们深谙客户心理，在交谈时可轻松把握客户的心理脉搏。

5.1 对比心理：通过对比让客户看到差距所在

心理学知识索引

对比心理，是人潜意识中一种常见心理，而且很多时候受外部因素的影响较大。对比心理学已经发展成为心理学上一个重要的分支学科，在工作实践中，它也是一种非常重要的工作策略和方法，只有通过比较分析，才能凸显出优势。

价格，永远是销售人员和客户双方争论的焦点，价格之争，几乎伴随着每一场销售。然而，这种争议并非不可化解，化解客户对价格的异议须充分了解客户心理，客户认为"价格高"的心理动机是什么。

有些产品，价格高是事实，但对客户而言他们并不是想向你反映这个事实，真正的想法是"想砍价"，通过交涉得到更多优惠。当你了解到这一点后，就知道在与客户交流时不要过多地争论价格为什么会这么高，而是尽可能地体现产品价值，必要时候给予优惠。

对比法是一种非常有效的化解客户价格异议的销售法。即客户因价格高而迟迟不购买时，可采用对比法与其他产品进行对比，让客户产生一种"物有所值"的感觉，如果能再给点优惠，往往可打消客户的价格异议。

案例

小秦是某家具商场的一位销售人员，一天，一位客户欲购买一套组合家具，小秦紧随对其进行着辅助性的介绍。在整个介绍过程中，客户频频点头，似乎对这一切都十分满意。但是当谈到价格时，客户的态度却变得不再那么积极，并且准备离开。当小秦准备继续介绍时，对方却以"没带那么多钱"为由拒绝了。

小秦马上意识到客户的真正用意是嫌价格高，在了解到这种情况之后，她立马心生一计：

"先生，您是认为我们的产品价格过高吗？"

第 5 章
玩一场心理博弈战，促使客户拍板购买

"是的，比我了解的要贵很多。"

"那您根据什么对比呢？"

"我已经到过多家商场，类似的产品你们这套最贵。"

"一分价钱一分货，我们可以来详细对比一下。"说着，小秦为客户介绍其了其他几款家具，包括木料、做工等都做了详细比较。

客户听了小秦的介绍后，态度开始有些缓和："从外观来看，的确有些不一样。"小秦紧接着拉着客户来到一款大型的组合柜前介绍起来："您看，我们的这个柜子内部空间比大多数产品要深，要大，你再看这些拉门……"小秦继续说。

客户不住地点头。

"另外，我们这里还有两个抽屉，配有暗锁，这样如果你放一些较贵重东西的话，就会非常安全，这是其他组合柜没有的功能。这一比您就知道，我们这的组合柜与大多数组合柜相比有很多优势，所以说多花上一点钱是非常值得的。"

客户听了小秦的介绍后，得知有这么多的优点，也就不再犹豫了，马上决定购买。

"不怕不识货，就怕货比货""货比三家"，几乎每个客户都懂得这个道理，通过对比可很好地化解客户的对价格的异议。就像上述例子中的销售人员小秦，正是因为很好地利用对比，才促使客户下决心购买最先看中的产品。

在任何购买活动中，价格永远是买卖双方争议的焦点，即使价格已经非常合理，有些客户为了争取到更多的优惠，也会往往以"某某店比你这卖得便宜""价格太高、太贵"为理由拒绝你的推销。如果你能了解到客户的这一心理，就会轻而易举地辨别出这只是他们的谎言，其真实的目的是为"砍价还价"获得更多的筹码。

面对这样的客户，要善于运用对比法解决，因为只有经过比较才能凸显出产品的价值。通过对比，转移客户视线，以自己产品的优势与同行的产品相比较，通过对比，突出自己产品在设计、性能、声誉、服务某些方面的优势。

那么，具体如何进行对比呢？主要有三种方法：第一种，纵向对比，即两

金牌销售赢得客户心理的八大关键

个同类的产品比较；第二种，横向对比，即两个不同类产品的比较，第三种，诱导式对比，即三个不同层次的产品比较，如下图所示。

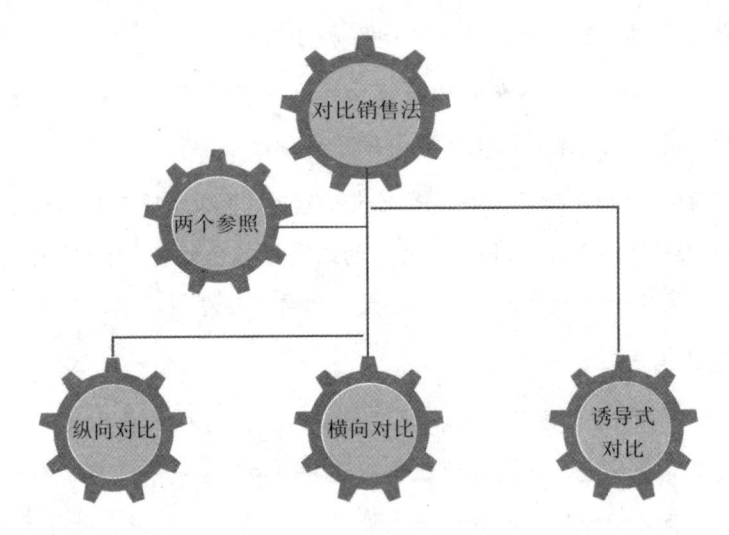

1. 纵向对比

纵向对比是指在同一类产品之间的比较，通常来讲，应该遵循同类产品优先的比较原则，因为同类产品之间很多标准都是相同的，同一标准就意味着参照物相同，我们知道一个事物与另一个事物做比较，必须以其中一个为参照物，而这个参照物与被对比产品必须具有共同之处。

有了明确参照物，才可突出自己产品在某方面的优势，纵向对比一般可按照以下标准进行。不同对比标准体现的客户需求不同，销售人员可在了解客户需求的基础上确定对比标准，如下图所示。

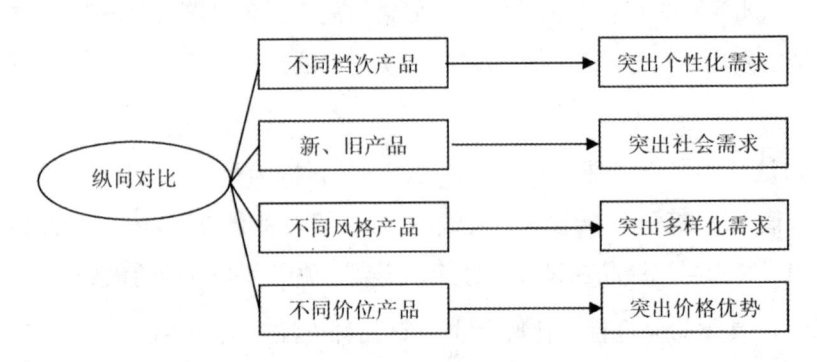

2. 横向对比

与纵向对比不同，横向对比是在不同产品间的一种对比方法。尤其是客户提到竞品时，销售人员不妨将自己所推销的产品的与竞品做下横向比较，引导客户去认识自己产品的优势，利用优势冲淡竞品在客户心中的印象。

在做横向对比时，有两点非常重要，值得注意：第一，对竞品要有深入、客观的了解和评价。倘若你对竞品产品一无所知，对比起来难免就会有偏颇，也就失去了客观公正性。第二，要确定明确的、具体的、一致的对比标准。比如，A产品的性能职能与B产品的性能作对比，而不能与B产品的价格、规格、制作材料等交叉比较。有的销售人员盲目对比，反而让自己的处处被动，产品优势也很难完全展现出来。具体如下图所示。

横向对比

两个要点

1. 对竞品要有深入、客观的了解和评价。

2. 要确定明确的、具体的对比标准。

3. 诱导式对比

这种对比是在三个不同层次的对比物之间进行比较，有很多人质疑，对比应在两者之间，有必要加入第三者吗？这是非常有必要的，心理学上有个诱饵效应，是指人们在不差上下的选项中选择时，会因为第三个新选项（诱饵）的加入，使旧选项显得更有吸引力。

实验人员给一百名麻省理工大学的学生提供了一份价格表，具体如表所列，并询问他们如何做购买选择。当三个选项同时出现时，学生选择了混合订阅；当去掉纸质订阅选项时，学生选择了最便宜的选项。

下表是《经济学人》杂志订阅的价格：

金牌销售赢得客户心理的八大关键

①	电子订阅	59美元
②	纸质订阅	125美元
③	电子和纸质订阅	125美元

说明：订阅电子和纸质杂志的价格与只订阅纸质杂志的价格一样。

该杂志的商家为什么会设置这样的选择？中间选项②这个价格选项与③完全相同，可以删掉。其实，价格选项②表面上看根本没用，实际上其作用非常重要。它给消费者提供了一个参照，让消费者通过对比发现混合订阅非常划算，从而刺激他们更多地订阅价格选项③，中间选项②就是消费心理学中常说的相对因素，相对因素就是一个"诱饵"，在其中发挥的作用就是与其他因素对比，诱导消费者做出选择。

消费心理学中有一个"相对论"，提出依靠相对因素而做决策是大多数人常见的一种心理。由于相对因素发挥"诱饵"的作用，因此心理学上也叫"诱饵效应。"

这种方法也常常体现在销售中。例如，有些商店总会放一些高价货，这些高价货价格奇高，高到可能无人问津。其实，这就是刻意放的"诱饵项"，它的目的不是有一天能卖出，而是让消费者感觉其他商品更加"物美价廉"。

案例

在《怪诞行为学》里有这么个例子，拉普是一家餐馆的顾问，餐馆付他钱让他来策划这家店的餐单和定价，拉普随后了解到一个现象：餐单上主菜的高标价，即使没人点，也能给餐馆增加盈利。

为什么？因为人们一般不会点餐单上最贵的菜，但他们很可能会点排第二位的。这样，他给这家餐馆创造出一道高价菜，并修改了菜单，然后很多客户被"引诱"去点了第二贵的菜。

在这其中，餐单上增加的一个高标价的菜就是一个"诱饵项"，而它促进点的排在第二位的菜就是通常所谓的"目标项"。诱饵项的加入往往能够让消费者有更直观的对比，能够很快就找到那个自己觉得"很合理"的选项。

第 5 章
玩一场心理博弈战，促使客户拍板购买

产品的价格在明处，产品价值在暗处，很多客户都是根据看到的价格做出了判断，而不会自行分析某种产品的内在价值。因此，这就需要销售人员通过多角度、全方位的对比分析来帮客户重新认知产品，以巧妙转移客户的关注点，将客户视线由"价格"转移到"价值"上来，从而达到化解客户对价格异议的目的。

5.2 逆反心理：用激将法促使客户尽快购买

心理学知识索引

逆反心理指的是，为了维护自己的自尊，对对方提出的要求故意采取相反态度和言行的一种心理。利用人的这种心理采用激将术，可使客户产生逆反心理。

逆反心理是一种常见的心理现象，不但见于孩童，也见于很多成人。俗话说，"劝将不如激将"，就说明很多人都有逆反心理。在商业活动中，很多企业（商家）正是针对大部分人有的这种逆反心理展开营销和传播，结果取得了意想不到的效果。

案例

"禁止抽各种香烟，连555牌也不例外。"这是英国555香烟的广告宣传语，结果却使其品牌在全球都引发了很大影响力。

"别和陌生人说话，别做新鲜事，继续过平常的生活……心思别太活，梦想要实际，不要什么都尝试，就这样活着吧。"这是陌陌最新TVC的文案。

微信4.2版本中，一打开就可看到"少发微信，多和朋友见见面！"这样的提示，却激发了用户将其画面截屏晒在了朋友圈或者微博上。

一家钟表店在推销一种新上市品牌的钟表时，使用了"这种表走得并不准确，每24小时会慢24秒，请购买时谨慎考虑"的宣传语，结果这家钟表店生意却异常火爆。

金牌销售赢得客户心理的八大关键

这些宣传文案都一定程度上运用了人的逆反心理，不但丝毫没有弱化产品在客户心中的良好印象，反而激发他们关注、传播和使用的兴趣。

有人说，上述案例都是发生在企业（组织）行为中，其实，在以个人为主的销售活动中，也有很多这样的行为。有经验的销售人员可能对这样的情况比较熟悉，有时苦口婆心地跟客户介绍产品，客户毫不犹豫地拒绝，或者提出一些很"特意"的"抗拒"，但反其道而行之，有一些话语刺激他们的自尊心，让其产生逆反心理之后，反而很轻松地下决定购买。

其实，这正是客户有逆反心理的一种表现，很多时候，客户的拒绝并不是真正的抗拒，而是每个人都会存在的一种潜在意识的自我保护。客户也怕做出错误决定，或希望自己显得很聪明，能受到尊重，往往会逆着来。

逆反是相当普遍的出于本能的机械行为反应，不过，个中原因很复杂。那么，是什么原因导致客户产生逆反心理呢？ 对于这种心理，社会心理学是这样解释的：多半是面子、自尊心作祟，大多数人出于爱面子，要自尊，从而表现出与内心真实想法相反的心理。

面对一个人对外界发起的情感与行为，对方倾向于做出相反的心理反应，并影响其后续行为的现象，称为逆反效应。销售人员合理地利用客户的逆反心理，不但不会伤害客户的自尊心，还会促使客户马上购买，促成交易。

★ **案例**

随着人们养老、理财意识加强，很多人开始接受商业保险。我有一位朋友，在一次闲聊中给我讲了个这么一个故事。

他一直对商业保险没有好感，在对商业保险进行初步了解后，就想买一份保险，为此，他还特意拜访了几家保险公司，考察项目。令他没想到的是，这一举动却引来多位保险推销员的电话骚扰，有时候一天连接十几个推销电话。每个销售人员的电话都是极力宣传保险的好处，功能多么好，价格多么便宜，多么适合他这样的人购买，有的甚至还带着嘲笑口气说："你不马上买份保险，生一场大病怎么办？出了意外怎么办？老无所依怎么办？"这样的话无疑让他心里特别

第 5 章
玩一场心理博弈战，促使客户拍板购买

反感和不悦。

销售人员的不断登门让他感到烦躁，同时也增强了他的防御心理，心想：哼，这群家伙只是为了推销他们的保险，还说些不堪入耳的话，我就是不买，我才不会上当受骗呢。

不久，又有一名销售人员电话拜访，他心想，无论对方怎么说也不买，坚决不上当。

这位销售人员对他说："我看您这种情况的确不适合买任何保险，如果想等等还能有十多年时间，我看还是过一阵子再说吧！"说完，就再没有详细介绍任何产品，聊了一会就客气地挂掉了电话。

这位销售人员挂掉电话后，他却陷入了深思，心里一团团疑问：为什么不适合买？为什么说还有十多年的时间要等？怀着这些疑问，几天后他拨通这位销售人员的电话，要求深入了解。这位销售人员趁机介绍了几款适合年轻人的保险，而他在了解的过程中，心理防御也一下子卸掉了。最后，还是觉得应该给自己买一份保险。于是一周以后，他主动买了份保险。

逆反心理既会导致客户拒绝购买你的产品，相反也会促使其主动购买你的产品。例子中的销售人员就是从相反的思维方式出发，消除客户对销售人员的逆反心理，从而使他主动购买自己的产品。

不过，需要注意的是，逆反心理具有双向性，有可能向好的方向发展，也有可能向坏的方向发展。再加上每个人有各自的性格、个性，差异较大，对逆反策略的接受程度也不同。做得恰到好处会得到消费者积极响应，反之则会适得其反。

因此，在具体运用时行为态度不能太过，使消费者产生真正的逆反。那么，该如何正确使用这种方法呢？需要根据具体情况，做足准备工作，注意方式方法。

1. 前提是客户有明确的购买意向

运用逆反心理的前提是基本确定客户有购买意向，只是提出些反对意见。这一点至关重要，如果对方丝毫没有购买意向，使用逆反心理的方法去激对方，无疑是火上浇油，会引起对方更大的不满。

金牌销售赢得客户心理的八大关键

因此，在运用这种方法之前必须摸清客户当时的心理，知道客户想购买而又为什么不采取购买行动。比如，如果客户是认为产品价格太贵而拒绝购买，就可以针对高价格进行反面激将；如果客户是因为无法独自做出决定而拒绝购买，可针对决定权进行反面激将。其他表现如下图所示。

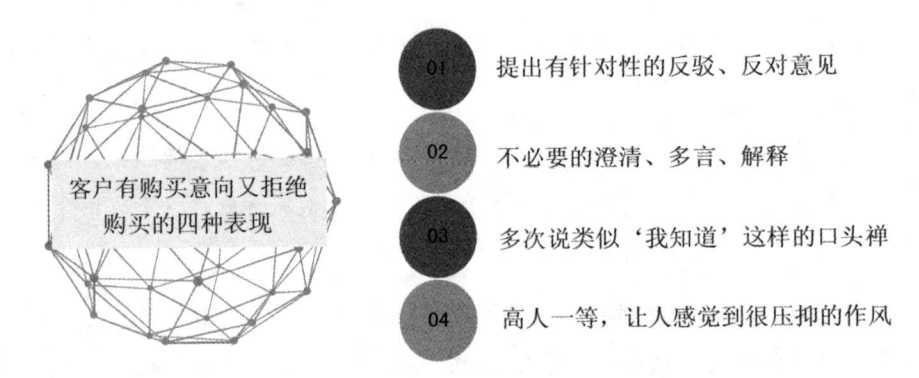

客户有购买意向又拒绝购买的四种表现

01 提出有针对性的反驳、反对意见

02 不必要的澄清、多言、解释

03 多次说类似'我知道'这样的口头禅

04 高人一等，让人感觉到很压抑的作风

2. 侧面透露出产品的优势

对逆反心理的运用，一定程度是"自黑"，金牌销售人员都是超级自黑，"黑"自己、"黑"产品、"黑"公司，通过"自黑"来引起客户的反面行为。但这种"自黑"不是刻意贬低自己，而是明贬暗升，因此，在自黑的过程中要侧面透露出自身的优势，针对产品的某一优势进行反面论证。

这是决定客户能否做出逆反决定的最终促动力量，无论是采用哪种方式，只要将自身优势充分展现，客户无论有多少异议也会最终认可。

3. 积极主动，把握好时机

通过逆反心理激发客户的购买欲望，关键是在什么时候去激发。这个"时机"非常重要，因为人的心理往往是在特定情景之中产生的激情行为，必须趁热打铁，讲究时效性。如果时机不当，客户发现你仅仅是为使用激将法，始终无法回到主题上来，就会心生厌烦。遇到一些脾气急躁的客户可能会直接拒绝，这将会导致你的工作前功尽弃。

逆反心理可以有效激发客户的购买欲望，促使客户尽快采取购买行为。但算是一种奇特的策略，用得好，一招制胜；运用得不好，反而会阻碍推销的顺利进行，甚至是推销失败。

第 5 章
玩一场心理博弈战，促使客户拍板购买

5.3 互惠定律：小恩小惠让客户产生回报之心

心理学知识索引

"给予就会被给予，剥夺就会被剥夺，信任就会被信任，怀疑就会被怀疑，爱就会被爱，恨就会被恨。"任何事物之间都是互惠互利的关系。当你为别人带来利益的同时，也能从对方那里得到相应的回报。当你真诚地帮助他人的时候，他人也才能真正帮助你。

古语说："士为知己者死，女为悦己者容。"这充分说明，人是有回报之心的，尤其是在受人恩惠之后，往往可产生报答对方的心理。而且往往是受滴水之恩当涌泉相报，所回报的往往比所受的恩惠要大得多。

人，在受别人的恩惠后常常有一种负罪感，不报答不足以平衡的心理。为了寻求心理上的平衡，绝大部分人会想尽一切办法报答对方。一个人如果能主动帮助别人，同样也可以得到他人更大的回报，这也是"互惠定律"的核心。那么，我们也可以将这种心理运用于销售中。

在推销的过程中，销售人员应该强调主动性、先发性、先行动。比如，先送出礼品、祝福、服务甚至让步，占据有利位置。

当你主动为对方着想做些什么的时候，对方通常会下意识地想到"我该回馈他些什么"。这时他甚至会忽略自己先前收到的礼物是不是必需，是不是自己要求得到的。其实，销售就是销售人员和客户的心理博弈过程。根据互惠定律，我们认为在与人交往时，在获取对方利益的同时，应尽量以相同的方式回报他人为我们所做的一切。

中秋节来临，一家大型超市里开展免费试吃月饼的活动，消费者们在试吃的过程中也产生了回报之心想着应该买些什么。免费试用策略就是互惠定律的一个有效变种。那么，这样的现象出现时，客户往往不会直接拒绝这样的"小恩小惠"。因此，对于有经验的销售人员，商场发出的礼券、赠品就好像启动了推销的扳机，占据了进攻客户的先机。

给予、接受是一种义务，偿还也是一种义务，如果你想让自己更成功的话，首先就该问自己的不会是"我该得到点儿什么"，而是"我该先给别人点什么"。

事实上，销售人员要做的就是向那些充满怀疑精神的客户展示：我们的馈赠仅仅是希望给你们带来真正的帮助，而不是仅仅追求销售额的企图。对于消费者而言，一概拒绝的策略并不合适．他们并不能很清醒地分辨到底是一个诚实友善的帮助还是一个有预谋的盘剥企图的第一步．很有可能他错过了一个真诚合理的恩惠。

5.4 善于示弱：以退为进，降低客户的攻击性

心理学知识索引

"示弱"一词意思是软弱、无能，不敢同对方较量，基本属于贬义词。但在如今这个个性张扬的时代，却成为一种大智慧，就像打了鸡血，总是喜欢表现出强势的一面，不顾一切地向前冲，并不意味着一定好，有时候会因过于激进而撞得头破血流。

老子的《道德经》中，有这么一句话："人之生也，柔弱；其死也，坚强。万物草木生也，柔脆；其死也，枯槁。故坚强者，死之徒；柔弱者，生之徒。是以兵强则不胜，木强则折。强大处下，柔弱处上。"地产大亨冯博士对这句话甚为欣赏，并"借鉴"其蕴含的思想，演变为待人接物时的一种方式——叫"善处人者为之下"，或简单言之"处下者愈上"。这句话的精髓就是人要善于示弱，哪怕实际上很强大。

如今，在这个个性张扬的时代，人人都像装了火药、打了鸡血似的，一个比一个充能显摆，示弱的人越来越少。正是因为敢示弱的人越来越少，这种大智慧才显得弥足珍贵。一个真正能做到"示弱"的人，为人处世做到能进能退，能大能小，能弱能强，放下架子，降低姿态。一个真正能做到"示弱"的人，必定

第5章
玩一场心理博弈战，促使客户拍板购买

是一个以事业为重又敢于负责的人，一个豁达大度宽宏大量的人，一个充满人情蕴含智慧的人。

销售人员在与客户打交道时，也要敢于做一个敢于示弱的人，尤其是当对方表现得过于强势的时候，我们不妨换个角度想想，主动退一步，主动做出些让步。主动示弱，是一种尊重、礼让和宽容，会让客户感觉自己被重视。

案例

一位专做营销培训的老师要买英文展板，但是下属买来的价格较高，他心里不太平衡，心想天天给别人讲营销，反倒被别人赚到了。于是，他亲自出马，找到那家公司。他发现那家公司是由兄妹俩开办的，他们非常热情，见到他，就向他请教如何学英语，还说自己没文化，最大的理想是进入大学学习。最后，这位老师不由得产生了同情心，竟然不忍心砍价。

这就是典型的示弱营销法，这个小故事很好地说明，真正的聪明人是善于示弱的，就像当年的刘备，当曹操问他天下谁是英雄时，他大智若愚般地乱说一气，实则是在表露自己"不识英雄"的弱点，以获取曹操的信任。

对于销售人员来说，这种示弱定律更应该牢记心头。在销售过程中，销售人员总会碰到一些客户，他们直截了当表达对产品的不满，斤斤计较，分利必争。碰见这种情况，销售人员就要善于示弱，适当地做出一些让步也是必要的。示弱是一种重要的营销策略，适当、故意暴露弱点给对方，以赢得客户认可，给客户留下易于亲近的印象。尤其是在与客户发生分歧的时候，可以争取更多的主动。

但是，并不是所有的销售人员都懂得灵活运用示弱策略，为此，我们为销售人员提出以下建议。

1. 说"软"话

销售人员需要说"软"话，主要是通过巧妙的话语示人以弱，在称呼上示弱。有些销售人员业绩不错，在行业中算得上是大人物，不知不觉就会产生自傲感，在自我称呼时就会表现出高傲的架子，很容易给客户一种距离感。而那种比较低调的称谓往往易于给人留下好感。比如，如果你的年纪比客户小，你可以说："我

是某某公司的销售人员赵某某，您就叫我小赵吧。"如果你的年纪比客户大，你可以说："我是某某公司的赵某某，您就叫我赵先生吧。"

2. 做"软"事

这种示弱主要表现为具体行为来示弱。示弱不只是说出来，更要做出来，即暴露自己的弱点。比如，有位企业家的丑闻被一位记者获知，在接受那位记者采访时，这位企业家丑态百出：接过保姆端来的咖啡后，喝一口就大叫道："烫死我了！"然后把咖啡杯摔在地上，之后又拿出一支烟，但点烟时却点在过滤嘴上。一旁的记者提醒他，他才把烟翻过来，可随之又把烟灰缸碰翻……

这些举动让企业家出尽了洋相，与他平时的冷静镇定大相径庭，无形中让记者产生了一种同情心。同样的道理，销售人员也可以适当暴露自己的不足，制造一种平易近人的感觉。

3. 把握时机

示弱要选择时机，不宜早也不宜晚。过早的话只能进一步抬高客户对你的期望，甚至可能会得寸进尺，因为这会给他们一种感觉，即只要坚持一下就会获得更大的让步；过晚的话，会给对方留下没有诚意的感觉，使自己处于很被动的地位。

因此，向对方示弱必须掌握时机，一般在以下三种情境之下应主动示弱，具体如下表所列。

序号	情景	注意事项
1	沟通初期，客户不接受的推销时	通过一点一点的微小让步来获得客户好感。这样即使一点小让步也会客户心满意足
2	沟通中，谈话陷入僵局	在一些细枝末节的小问题上适度让步打开僵局，化被动为主动。注意，这个时候并不是在任何问题上都可以主动示弱的，在关键性、原则性问题不可轻易示弱

第 5 章
玩一场心理博弈战，促使客户拍板购买

续表

序号	情景	注意事项
3	谈话结束，客户仍在犹豫时	在确认客户有购买意向的前提下，针对客户的不满主动退让，以换得交易成功

销售人员还可以通过请示领导、拖延时间、示弱等方式让客户感觉到得到这样的让步已经很难得了。比如当客户提出某项要求时，即使这些要求可以实现，销售人员也不要爽快答应，而要显示让步的艰难，这样可以降低客户过高的期望。

很多销售人员都会在销售沟通过程中有意无意地使用一些示弱方式，希望让客户满意。比如在保证利润的前提下进行价格方面的让步，或者根据双方的诉求提出解决问题的折中方式等。销售沟通中的让步策略如果运用得当，那将有利于实现买卖双方的双赢，同时也有利于长期销售目标的实现。

4. 示弱要有"度"

示弱比逞强好，但是如果过分示弱，同样令人反感。因为这里的示弱并不是要自己真正地弱下去，而仅仅是一种手段，通过示弱赢得成功。因此，无论何种形式的示弱，都要注意度，否则只会弄巧成拙。

案例

刚毕业的小陈在某公司做销售，她的一大销售手段就是流眼泪。一次，公司一位同事给她介绍一个客户，她去拜访那位客户，没想到那位客户却说："我不需要，你走吧！"顿时，小陈忍不住流出泪，搞得客户不知所措。最后客户同情她，买了她的产品。

从那以后，她见到客户拒绝就开始装"可怜"："我家在外地，一个人在这边，家里还有弟弟要上学，你一定要帮我啊，不然完不成这个月的销售指标……"但是这招并非总有用，有一次，一位客户直接说："陈小姐，从你的介绍中，我发现你的产品满足不了我的需要，你哭也没用，你被老板开除也不关我的事，那说明你没能力……"

小陈过分示弱，显得毫无魄力和骨气，反而会引起客户的反感。由此可见，

示弱需要掌握一个度，不能为了示弱而把自尊心丢到一边。否则，无法成功销售产品。

5.5 换位思考：善于站在客户角度看待问题

心理学知识索引

换位思考，是设身处地为他人着想，即想人所想，理解至上的一种处理人际关系的思考方式。人与人之间要互相理解，信任，并且要学会换位思考，这是人与人之间交往的基础：宽容、理解，多去站在别人的角度上思考。

所谓换位思考定律，就是要把自己设想成别人，以他们的角度考虑问题。在与客户沟通的过程中，销售人员需要站在客户的立场，想客户所想，做客户所做，设身处地为客户着想。其实，这也是推销工作中一个重要的原则。

然而，很多销售人员却无法做到这一点，或者自以为是地为客户着想，实则不是。比如，总有不少推销员对客户说："先生，我会尽量站在你的角度来做这件事情……"殊不知，这么做远远不够，应该说："这种情况下，我会建议您应该怎么做。"

其实，一个真正优秀的推销员，面对客户遇到的问题和提出的异议，会设身处地站在客户的角度想问题。

案例

张鑫是一位医药设备推销员，他向一家大公司推广医疗设备。在遭到拒绝之后，张鑫再次拨通客户的电话：

张鑫："刘总，我今天打电话过来其实只是确定一下，对于我们上次的合同您还有什么顾虑？"

刘总："我从没用过你们的产品，如果真需要合作还需要从长计议。"

第 5 章
玩一场心理博弈战，促使客户拍板购买

张鑫："您是担忧我们产品的质量问题？"

刘总："不不，我更重视后期服务。"

张鑫："这个有问题吗？"

刘总："对，同类产品我也用过不少，很多都是后期维修跟不上，导致设备无法长时间的使用。"

张鑫："您说得对，我想任何人都会有这样的担忧，不过您放心，我可以帮您解决这个问题。"

刘总："你有什么更好的解决办法？"

张鑫："贵公司作为这个行业的龙头企业，谁人不知，我也不例外，对贵公司关注很久了。为了这件事，我已经做了一个初步规划方案，很抱歉没有与您商量，还请指正。"

刘总："哦，你还真是个有心人，不过，我需要与其他领导商量一下。"

张鑫："过奖了，我们做销售工作的在展开销售之前，都需要做一些准备工作，这是我职责范围。"

刘总："那这样吧，明天你带样品和资料到我办公室来一下，我们尽快谈一下有关合作的事情……"

客户在听了张鑫的解决方案之后，立刻做出了明确答复。

这个事例说明，要想取得客户信任和认可，必须学会从客户的角度考虑问题，站在客户的角度去做事。例子中的张鑫正是在遭到客户的拒绝之后，马上再次主动去接近客户，了解客户的需求，从客户的需求出发提出自己的主张和意见，最终打动了客户，赢得签单。

那么，作为一个销售人员，如何做才能做到换位思考，站在客户角度，想客户所想呢？可从以下三个方面入手，如下图所示。

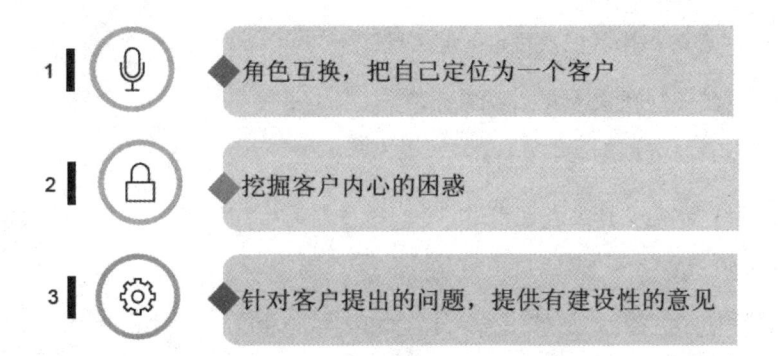

1. 角色互换，把自己定位为一个客户

2. 挖掘客户内心的困惑

3. 针对客户提出的问题，提供有建设性的意见

1. 角色互换，把自己定位为一个客户

每个人都充当着多种角色，你是一个销售人员，但是当你有购买需求的时候也是客户。因此，在推销过程中，销售人员把自己当成是一位客户，站在客户的角度，去感受客户所想所感。这样就很容易与客户当时的心理产生共鸣，从而拉近你与客户的心理距离，一旦与客户的心贴近了，沟通起来就容易多了。

2. 挖掘客户的内心困惑

在与客户展开推销之前，一定要事先搜集客户的详细资料，只有掌握了客户的更多信息后，才能制定出更详细规划。为什么有的销售人员能在瞬间抓住客户的心，就是因为他们做的准备工作比较充分，与客户见面就说："先生，如果我是你，你知道我会怎么做吗？"这时销售人员就可以说明自己事先准备好的立场、精确建议，协助客户做最终的决定。或者，你将客户所需的资料放在他们面前，直接告诉客户："先生，如果我是你，我会这样做的。"

3. 针对客户提出的问题，提供有建设性的意见

客户对产品怀疑，很多时候不是销售人员的解说水平问题，更不是产品的质量问题，而是客户可能曾经有过不愉快的购买经历。所以，如果销售人员坚信自己的产品的话，就应该把精力放在挖掘客户深层心理原因上。只要你把客户的心理困扰解除了，销售也就变得顺理成章。

换位思考，这一推销策略的好处是不言而喻的，它让客户更深层次地信任你，也能助你获得更多的潜在客户信息。销售人员就应该从客户角度出发，主动帮助客户提出问题，让他们认识到问题的严重性。然后，帮助客户分析问题，解决问题。

第 5 章
玩一场心理博弈战，促使客户拍板购买

有的销售人员总是简单地认为，自己只负责销售产品，其他的与自己无关。其实不然，对客户而言，你作为销售人员对产品的了解更多，更全面，客户很多无法看明白的地方，销售人员要主动为其指点。

当客户提出意见时，销售人员有责任、有义务去给他们最好的建议。千万不要害怕暴露问题，害怕客户拒绝而隐藏很多问题，否则反而会害了自己。主动帮助客户提出问题，才能确保客户利益和自身利益的最大化。

5.6 鼓励效应：多鼓励、多引导客户说"是"

心理学知识索引

心理学研究发现，无论是做人还是做事，弱势的一方、被动的一方总希望从强势的一方、主动的一方得到心理上的安慰。他们希望从比自己强大的一方身上得到认可和赞扬。比如，在生活中，孩子希望被父母肯定和认可；在职场中，员工希望被老板肯定和认可。

在客户决定购买时候，很多时候会对即将购买的产品发表自己的意见和看法，其中大部分是反对的。那么，销售人员该如何来面对客户的这些异议呢？最重要的一个态度不可少，那就是肯定客户，鼓励他们说出自己内心的想法，这一做法是源于他们把自己定位在对产品不了解的角度下，也就是说，在对产品的了解程度和专业知识的掌握上，他们认为你更有权威性，因此更容易相信你。

其实，客户也希望得到销售人员的肯定和认可。即使这些观点是错误的，非理性的，他们也希望自己所说的话能引起你的注意。这就需要销售人员在与客户沟通的时候，时时刻刻透露出对客户的赞赏和肯定，要让他们感觉到自己是被重视的，自己是很重要的。

心理学家研究发现，一个人只有不断地被肯定、被鼓励，才能激发出内心的潜力。在日常生活中，细心的人也都会注意到，当我们以一种积极的、肯定的态度与他人说话或者求他人办事的时候，很容易获得好感。在销售中也一样，销

金牌销售赢得客户心理的八大关键

售人员要不断地认可客户、肯定客户。在拜访客户时，最关键的一点就是想办法获取客户的肯定。

有时候，只要能获得客户的肯定，客户就容易与你达成一致，尽快地实现推销的目的。作为一名销售人员，在与客户交谈的时候，要有意识地引导客户向有积极意义、需要作出肯定性答复的问题上来。

在销售沟通的过程当中，可以多问一些便于客户做出肯定答案的问题。

比如，"如果穿起来不合适，买回家也穿不了几次，反而是浪费，是吧？"（正确）；

"夏天买这种面料的衣服，穿起来比较凉爽、透气，您说是吗？"（正确）；

"现在，买女包最看重的一点还是时尚，这一点非常重要，您说对吧？"（正确）

这样的问题会有利于拉近双方的距离，取得信任，交流得以进一步深入，让客户感觉到你时时刻刻在为他着想。试想，如果在与客户交流的过程中，所说的话大都被客户否定了，接下来的谈话如何进行下去？

与客户交流要本着一个原则，引导客户做出肯定性的答复，有利于谈话顺利进行下去。

某广告公司的销售人员，为一家企业设计衣服广告图标，几经修改，一直未获得客户认可。原来并不是设计的问题，而是双方在交流上没有找到共同点。这次他转换了一种谈话方式。

案例

一位广告策划公司的业务员是如此向他的客户介绍策划方案的：

业务员："张总，策划方案您也看过了，有什么意见？"

客户："不错，不过有些细节问题还需要再完善一下？"

业务员："意思是您同意我们提供的策划方案了？"

客户："对，你能否具体解释一下，接下来如何实施这份方案。"

业务员："您放心，这是我们公司高级设计师结合贵公司的实际量身定做的，一定有助于提高贵公司的名气和影响力。"

客户："我想,那是毫无疑问的。"

业务员："如果按照我们的方案进行试验,并且对试验结果感到满意,你们是不是下一步就可以签订合同?"

客户："对。"

业务员："那么我们现在可以先签个协议吗?"

客户："可以。"

由此可见,只有通过不断积极地发问,才能主动引导客户说"是",并诱导客户做出肯定性的决定。这种方法贵在能抓住时机,步步深入,引导客户做出一个又一个肯定性答复。那么积极性提问有那么些好处呢?

销售人员给出的问题只允许对方做肯定性的回答,而避免做否定性的回答。这在销售过程中是一种非常巧妙的提问技巧。只有具有积极性的问题才能进一步促使客户下决定购买。因此在与客户沟通的过程中,销售人员应该多提一些具有积极意义,肯定答复的问题,以增强客户的认可度和对产品的信心。

1. 创造良好的洽谈气氛

很多时候,客户对销售人员有一定的偏见,抱有各种猜疑、防备的心理,甚者有敌对情绪,这一定程度上也会影响客户对产品的评价。在这种情况下,客户对你有更强戒备之心,想要获得客户的承诺是非常难的。这就需要在与客户见面时,就努力创造一种良好的推销气氛,热情友好、轻松愉快的洽谈气氛有利于加强与客户感情沟通,消除双方的隔阂,从而消除对方的猜疑、警惕、紧张心理,这对以后双方洽谈、达成协议有很大的作用。

2. 引导客户做出肯定性的回答

只有引导客户做出肯定性的答复,使客户一步步地认可产品,才能促使客户下决定购买。因此,在与客户沟通时,销售人员应该多提一些需要做肯定性回答的问题,以此来获得客户的肯定。

3. 控制自己的失望情绪

在销售中，销售人员与客户沟通有时会陷入僵局，双方为了顾及"脸面"而互不让步。这个时候，销售人员的情绪不可避免地要受到影响，因此必须学会控制自己的消极情绪，任何一种感情都不能阻碍与客户沟通的顺利进行。

从行为心理学上讲，被别人肯定和欣赏是一个正强化的过程，它使自己更加认可自己的行为，自尊自信。所以，销售人员在与客户交流的时候，一定要不断强化客户肯定自我的意识，这样，无形中客户就被自己说服了。

5.7 压力定律：有时可适当给客户施加压力

心理学知识索引：据一项心理实验表明，人在遭受巨大压力和打击的情况下最容易动摇。压力定律是指在人际交往中双方都在或直接、或间接地给对方施加压力，同时双方也都承受着不同程度的压力，谁顶不住压力谁就会先败下阵来。

压力就像空气一样遍布在商业活动的每一个角落，在产品推销或与客户沟通中，双方都会承担着很大的压力。在推销中，销售人员也应该把握客户的这一心理，通过向他们施加压力来获得销售机会，从而促使客户立即购买产品。

利用人害怕承受压力的心理向客户施加压力，可以提高成交的几率。

案例

小叶在做了一番自我介绍之后，便开始介绍自己所销售的课程。然而，这位客户坐在办公椅上，一边打印资料，一边漫不经心地听着。小叶看得出客户非常不感兴趣，认为许是自己没有说清楚，于是又将重点重新做了介绍。令她费解的是客户始终不说一句话。

在尽量争取客户的意见时，对方仍不言语，既不表示同意，也不表示反对，只顾做自己的事情。

第5章
玩一场心理博弈战，促使客户拍板购买

小叶看到他不冷不热的态度，只好直接问："你想参加这个课程，不是吗？"

这位客户无精打采地说："哎呀，这种课程，我自己也不知道是否想要参加。"

小叶站起身来准备离开，看见这位客户抬头瞄了她一眼，又重新低头做着自己的事情。忽然小叶对这位客户说："在走之前，我决定跟你说一些话，可能你不喜欢听，但对你以后必定有帮助。"

这位客户听到这句话，大吃一惊，看着站在自己眼前的这位弱不禁风的女孩，满脸疑惑。

小叶接着说："看看你办公室脏兮兮的地板，凌乱的办公桌，满是灰尘的墙壁，还有你的衣服，你的胡子，看起来很久没有整理过了。在我的想象中，你不应该是这样的人。"

"请记住，我们学校不接受一位不思进取，没有上进心的学员。现在即使你预缴学费我们也不会接受。因为我现在可以想象，你的不负责任、犹豫不决无法让自己圆满完成学业。"

小叶说完这些话，道了声"再见"就走了出去，随手把房门关上。

这时，这位客户却追上来，请她再次进来。小叶看着客户面带微笑、略带吃惊的样子，又重新坐在他对面的椅子上。客户说道："刚才的话不是有意要伤害你，只是想触怒你。现在可以谈谈你的培训计划了。"

小叶看他的语气缓和了很多，也微笑着说："刚才有些话可能伤了你，我表示歉意。"接下来，他们的谈话和谐多了。

通过这个例子，应该了解了给客户施加压力策略的运用。值得注意的是，在使用这个策略之前，一定要要分析一下自己与客户沟通时的力量，只有当你处于绝对优势的前提下才可以使用该策略。就像例子中的小叶，对自己所销售的产品有个清晰而正确的认识。如果你处于与客户沟通的劣势，千万不要试图在这上面做文章，否则，就相当于搬起石头砸自己的脚。

向客户施加压力这一心理战术，运用得好可以促进销售，运用得不好的话反而会给客户带来沉重的心理压力。那么，在销售中如何向客户施加压力呢？这

金牌销售赢得客户心理的八大关键

是一门技巧，掌握一定的技巧之后才能运用自如。

想要自如地运用这种策略并不太容易，你应该认真地了解他人的性格，仔细观察对方的反应，分清乖巧和狡猾。那么，如何来恰当地运用施压计这一策略呢？具体如下图所示。

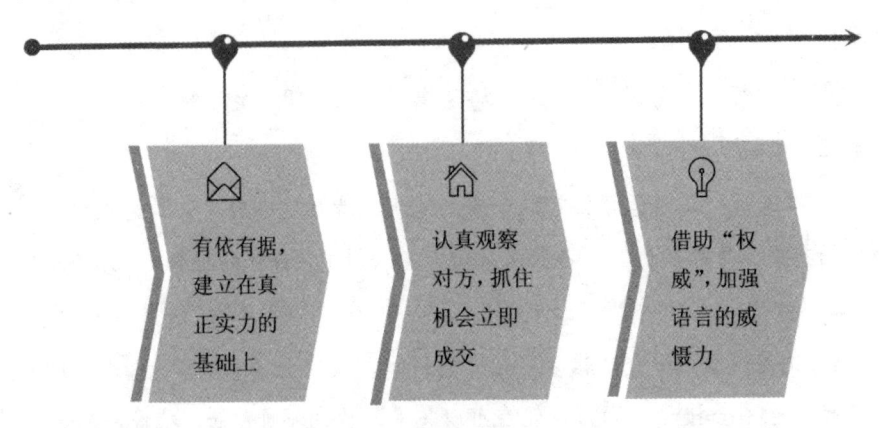

- 有依有据，建立在真正实力的基础上
- 认真观察对方，抓住机会立即成交
- 借助"权威"，加强语言的威慑力

1. 有依有据，建立在真正实力的基础上

施威计是给客户造成一点悬念，目的是让其有一些紧迫感，让对方产生一种立即购买的欲望，但是一定要量力而行，很多销售人员在运用这一策略之前，本身没有那么大的实力，或者没有能力兑现对客户承诺，自己本来是只羊，硬是把自己装扮成狮子的形象，最终只能让自己更加被动。

2. 认真观察对方，抓住机会立即成交

在推销过程中，当对方被你调动起高涨的购买情绪之后，必须恰当地，及时地抓住，利用一切机会抓住对方最佳的时机进而要求与你立即成交。因为这些大多是一种感觉，否则，将会错过很好的机会。

3. 借助"权威"，加强语言威慑力

面对头脑发热的人，劝说者可以站在客观的立场上，以严肃的口吻，威严的神态，着力强调对方行为可能造成违法的危险后果，借以增强语言的威慑力，引起对方的警觉，能有效地避免事态恶化。

某监察机关的执法人员到一个村调查处理案件，在离开的时候，不法分子

煽动不明真相的群众闹事围攻办案人员，还要砸他们的汽车，当时情景十分危急。为了制止事态发展，一位办案的科长站在汽车上，大声说："我们是国家执法人员，奉命执行公务，大家应该相信我们会秉公办事的，千万不要听信谣言。如果你们围攻执法人员，干扰公务，是一种违法行为，要负法律责任的，请大家马上散开！"他这样一说，不少群众立即散开，让出一条路来，一场冲突避免了。

肯定性的语言、语气，表达出的观点鲜明、明确，往往不会留有反驳的余地，尤其对方毫无证据地质疑时，可快速消除内心的疑虑，令其发生急剧性的反转。这也是压力定律的最好体现。因此，面对对公司或产品有严重质疑的客户，销售人员要用十分诚恳的语言，肯定性的语气向对方说明，借语言的威慑力坚定客户的心态。

5.8 幸福递减定律：用些小伎俩让折扣显得来之不易

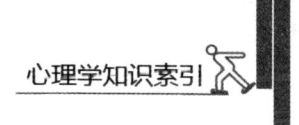

心理学知识索引 人在很穷时总觉得有钱才是幸福，但真成了富翁就会觉得幸福很平淡。事实上，幸福之所以打了折扣，并不是幸福真的减少了，而是由于我们内心起了变化。这正是幸福递减定律所阐释的理论。

一个饥肠辘辘的人遇到一位智者，智者给了他一个面包，他边吃边慨叹："这真是世界上最香甜的面包！"吃完，智者给了他第二个面包，他开心地继续吃着，脸上洋溢着幸福的满足感。接着，智者又给了他第三个面包，他接过面包，一副饱胀的样子。之后，智者又给了他第四个面包，他痛苦地吃着面包，最初的快乐荡然无存。

饥饿者得到的面包总数不断增加，而幸福感与快乐却随之减少，这就是著名的幸福递减定律。人处于较差的状态下，面对微不足道的一点提高都可能兴奋不已；而当所处的环境渐渐变得优越时，人的要求、观念、欲望等也变得高了。

金牌销售赢得客户心理的八大关键

折扣就是销售人员给客户的"幸福",很好地运用折扣可以有效促进销售。但很多销售人员在给客户打折时,其做法是不对的,从而使得结果有违初衷。如,将所有希望押在了折扣之上,直接打折,往往会误导客户,让客户误认为这样的价格就理所应当。还有些销售人员在销售不理想的情况下,为了扩大销量,同时把所有折扣一股脑地抛给了客户。这样做是不对的,因为大多数客户认为,打折的目的是处理一些残次品或者积压货,完全领会不到其价值。

因此,销售人员不能让客户感觉折扣来得太容易,否则其效果就会大打折扣。

案例

小昭是某汽车推销员,一次销售中,他与客户展开了价格战。

客户:"好了!好了!到底可以开价多少呢?"

小昭:"就是上回跟您说的那样,现在正值国庆节期间,让利1.5%,98.4万元。"

客户:"那,那××牌的货车呢?"

小昭:"开价95.5万元。"

客户:"哇,这可是相差2.9万元啊。"

小昭:"但是,这两种车的性能和样式也不一样啊?"

客户:"货车的性能都是一样的,样式什么的可以随时更换改变。什么样的情形,我可是都很清楚。"

小昭:"哎呀!再也没有张总您这样的人了,像贵厂的招牌或商品的陈列及总经理您的服装一向都是穿戴得整整齐齐的,所以若说您不清楚的话,可就错了。"

客户:"算了,到底开价多少呢?"

小昭:"还是上次的条件……"

客户:"性能及其他或许会有所改变,如果是以高出近20万元的价格买下的话,会被人讥笑的,那可会终止我们的交情。"

小昭:"但是,我这个价格卖给您,我们就无利可赚了,我的公司会破产的。"

如何给客户打折,看似非常简单,实际上却是最能衡量出一个销售人员营

第 5 章
玩一场心理博弈战，促使客户拍板购买

销技术和语言技能的，只有灵活而巧妙地使用折扣，才能让折扣为你所用，发挥它最大的作用。

折扣是非常有效的促销方式，但有利也有弊，打折是在推销时，给予对方的一种价格优惠，用来吸引客户最常用而又最有效的一种营销手段。一般情况下，打折是符合既定要求的销售行为或结果，只要使用得当，可以为推销"锦上添花"；使用不当，则却有可能使销售人员"引火上身"，"赔了夫人又折兵"。所以，给客户打折是有门道的。

因此，销售人员在打折时要非常谨慎，而且一定要是善于使用一些小技巧，让客户体会到折扣来之不易。具体可以从以下三个方面做起。

1. 将折扣变奖励

大部分客户在购买产品过程中会有一种错误的心理，就是销售人员理所当然地要为其打折，而对于很多企业或者商家来说，折扣比较固定，通常销售人员不能轻易缩减。这就会在销售人员和客户之间形成一定隔阂。这个时候，要消除这种隔阂，需要销售人员在讲解的时候变通一些，把这种"理所当然"的心理转变为"额外奖励"。

把"折扣"变"奖励"是很有效的方法。也就是说，既然折扣在客户心目中已经形成了一种让利方式，那么，销售人员就不妨将折扣变成奖励，在谈判过程中明确告知客户。这样就会让对方感受到"折扣或许是应该给的，但奖励则不然"。

折扣变为奖励，最大的好处就是原来的固定资源变成了可以由销售人员掌控的可支配资源，由原来的一种必然支出转变成了一种鼓励性的奖励。这种方向的调整会引导客户的消费心理变化，具体如下图所示。

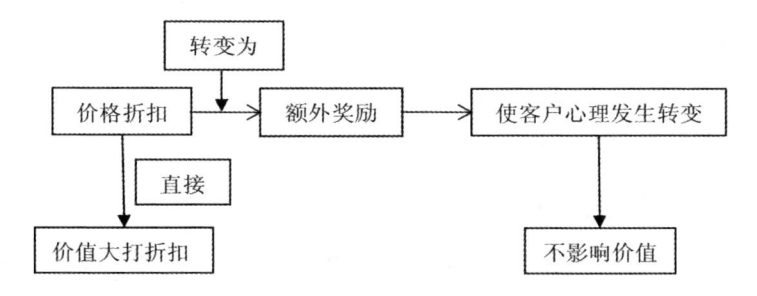

```
                    转变为
                      ↓
   价格折扣  ───→  额外奖励  ───→  使客户心理发生转变
       │
       │ 直接
       ↓
   价值大打折扣                      不影响价值
```

2. 折扣要循序渐进，先小后大，先少后多

每个人都有或多或少的贪心、永不满足的心理，客户购买产品的时候也一样，在得到了 5% 的折扣之后，他会想 10%，而一旦得到了 10%，一定还会想要更大的优惠。所以，销售人员在打折的过程中，一定要遵循循序渐进的原则，先小后大，先少后多。

而在实际销售过程中，很多销售人员往往容易犯这样的错误：刚开始时折扣的力度非常大，一下子将折扣政策全部抛出来，从而让客户误以为你的利润空间很大，进而狮子大张口；当客户不满足的时候，你却没有再次下降的空间，最终不但导致客户得不到满足，产品的利益还受了亏损。这种做法必然会削减折扣的效力。

所以，打折扣的时候一定要先小后大，具体方法如下图所示。刚开始给对方一个适中的价格，然后根据客户的需求再先小后大，慢慢增加，慢慢地牵着客户的鼻子走，最终实现目的。

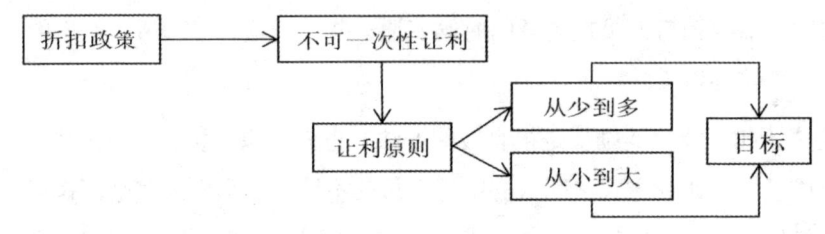

折扣政策 → 不可一次性让利 → 让利原则 → 从少到多／从小到大 → 目标

3. 折扣要收放自如

销售人员在给客户折扣的时候，一定要收放自如。在时机不成熟的情况下，千万不可盲目向客户做出承诺，否则反而会成为累赘。那么。如何做到收放自如呢？通常要坚持以下原则：

（1）发挥折扣的短期激励作用

折扣不是一成不变的返利政策，它的最大作用在于它的短期的功利性，目的就是"刺激"客户的购买欲望。

（2）经常变换折扣的形式

折扣的形式多种多样，为了更好地刺激客户，激发其购买欲，必须经常变

第 5 章
玩一场心理博弈战，促使客户拍板购买

换形式。比如，产品赠送，举行促销活动，或者是在月度或年度返利等灵活多变。

5.9 刻板效应：改变客户对产品的"固有"印象

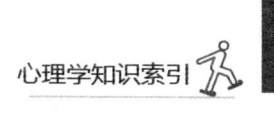

心理学知识索引

> 刻板效应，在心理学上又称为"刻板印象"，指的是人们往往根据自己头脑中已经形成的对某一类人或者一类事物的固定印象来作出判断和评价的一种心理现象。

日常生活中，刻板效应非常常见，我们每个人都容易因间接获得的一些不实、片面的信息，或个人经验与偏见，导致对某人、物产生长久的难以改变的印象。比如，你一开始对某个人印象不好，就总习惯用老眼光看待他，并把他的行为进行盲目"扩张"，本是个别现象，却硬要看作是某类人的整体特性。刻板效应示意图如下图所示。

这个人很坏　　这个人再也不会改好了　　像他这样的人都坏

为了证实这一心理的存在，苏联社会心理学家包达列夫曾做了这样的实验：他把实验者分为两组，拿一张照片分别给他们看。照片上人物的特征同样是眼睛深凹，下巴外翘。在看照片的同时，还分别介绍了照片上人物的情况，不过这一介绍的具体情况是有所区别的：给甲组介绍情况是，"此人是个罪犯"；给乙组介绍情况时说"此人是位著名学者"，然后，请两组人员分别对此人的照片特征进行评价。评价的结果显示，甲组被试者认为：此人眼睛深凹代表着凶狠、狡猾，

金牌销售赢得客户心理的八大关键

下巴外翘代表着其顽固不化的性格；乙组被试者认为：此人眼睛深凹，表明他具有深邃的思想，下巴外翘代表他具有探索真理的顽强精神。

同样一张照片，在两组不同的被试者眼中差距如此之大，最关键的就是辅以了不同的介绍说明。一个是罪犯，一个是学者，两种不同的身份赋予人不同的性格。显然，这个判断结果带有很大的主观性。同时这也说明一个问题，人们对社会上的各类人有着一定的定型认知，把他当罪犯来看时，自然就把其眼睛、下巴的特征归类为凶狠、狡猾和顽固不化，而把他当学者来看时，便把相同的特征归为思想的深邃和意志的坚韧。

在心理学上，刻板效应实际就是一种心理定式，只是简单地把对某类人的评价视为对某个人的评价，因而影响人们的判断。那么，在销售活动中，是否也存在这样的现象呢？答案是肯定的。长期以来，可能因为自身有不愉快的经历，可能是道听途说，很多客户对某些销售人员以及其某些产品或服务形成了固定的坏印象，例如保险销售人员、安利系列产品等，在很多客户看来带有欺骗、欺诈的行为。

的确，在购买活动中，客户对某一产品的评价很容易受到周围人某句话的左右，比如亲朋好友说"某个牌子的产品不好""某某公司的产品质量差"等，他们就想当然地认为这个产品就是这样的，这也成为阻碍销售人员正常开展推销工作的主要障碍之一。

案例

销售人员："唐先生，您是否可以给我一点时间，允许我为您讲一讲人寿保险呢？"

客户："我很忙，没有时间跟你闲谈。再说了，我再也不相信你们保险员说的话了。"

销售人员："为什么？"

客户："好了，我现在什么也不想说，你还是走吧，这几天我已经打发走好几个了。"

第 5 章
玩一场心理博弈战，促使客户拍板购买

销售人员："我知道，也许有的人惹您生气，但是，您能给我一个机会吗？"

客户："不想。"

销售人员："什么事情都难免有特殊情况，请问，到底是怎么回事？"

客户："其实任何保险都没有你们说的那么好，上次……"

销售人员："那您自己就没有问清楚吗？……"

客户："我不想听你们那一套一套的，嘴巴甜得要命，都是假的，这保险公司培训出的怎么都是一个模样的人，油腔滑调，耍嘴皮特行！"

这就是客户评价保险以及保险销售人员的"刻板"效应。那么，如何来化解客户的这种心理呢？每个人都希望拿眼前的产品与同类产品进行比较，以此来找到最好、最适合自己的产品。而自己对眼前的产品又没有充分的认识，所以，只能凭道听途说、一知半解来判断。正因为大部分客户有这种心理，才导致他们容易被外部因素左右。

1. 寻找原因

当客户对你的产品评价较差时，作为销售人员不要一味地反驳，或者贬低同行产品。而是要暗示客户，引导客户说出真正的原因，客户为什么会对产品有如此印象，是曾经有过不愉快的购买经历，还是听他人说的。不同的原因解决方法不同，对客户所产生的伤害程度也是不同的。比如，客户只是听朋友随便一说，那么这非常容易解决，只要加以引导即可。如果确实是因为产品本身质量问题给客户带来的困惑，就要积极弥补，力争重新树立在客户心中的印象。

2. 引导客户正确认识产品

这种偏见存在于客户头脑中，有其主客观原因。大都是因为客户对产品并不是十分了解，很多时候是仅凭他人的一面之词。这个时候，销售人员首先必须去除客户脑中的这一错误观念。但是通常又不能直接对客户说"你不了解我们家的产品"或者是"他家的没有我们的好"，这难免有点王婆卖瓜的味道。最重要的一点就是让客户切切实实地去体验一下，让客户亲身体验到产品的价值所在。这就需要销售人员去引导客户使用，以强化产品优势在客户心中的印象。

5.10 蝴蝶效应：处理好每一个细节

心理学知识索引

蝴蝶扇动几下翅膀，就引起了一场龙卷风，这种现象被称为"蝴蝶效应"。后来研究发现，真正的原因是，蝴蝶翅膀的运动导致其身边的空气系统发生变化，产生微弱的气流，而微弱的气流又会引起四周空气或其他系统发生相应的变化，由此引发连锁反应，最终导致极大的变化。

20世纪60年代初，美国气象学家爱德华·罗伦兹发现一种现象：南美洲亚马孙河流域热带雨林中的蝴蝶偶尔扇动几下翅膀，两周以后就可引起美国得克萨斯州的一场龙卷风。蝴蝶轻轻扇动一下翅膀，虽是一个微小的变化，也可能带来整个系统的巨大的连锁反应，足以引起一场龙卷风。这种效应充分说明，一个细节对整体的影响是非常大的，细节决定一切事情的成败，无论做什么事情都不能忽视其中的任何一个细节。销售人员在与客户的交往过程中也应该做好每一个细节。

然而，很多销售人员却无法做到这点，事实证明，无法做到这一点推销就很难成功。要想与客户顺利交往，就必须先从细节做起。

案例

邢鹏是一位房地产销售人员，一次他去拜访准客户，向客户推销一款房子。偶然间，他发现客户正在上网看一组房子的图片，他瞬间明白了，客户为什么一再拒绝自己的推荐，可能是对先前房子的户型不满意。于是，他决定前去试探一下。

邢鹏："张总，近来我也特别关注一些新户型上市的信息，这款房子是今年的新款，网友评价不错。"

没想到自己的热心却遭到对方的拒绝，张总马上说："请坐吧，我只是随便看看，抱歉！"

第 5 章
玩一场心理博弈战，促使客户拍板购买

听了客户的话，邢鹏显得有些着急，急忙说："没关系，我就是来给你送一些房子资料的。"

客户："我很忙，等会儿还要出去办事，我们再约吧。"

"我可以把资料留在这里。"说话的同时，邢鹏迅速拿出几款房子型图片，而且有意将客户刚才喜欢的那款放在最上面。这时他注意到客户的目光停留在这款房子的图片上，准备起身离开的他又回到了椅子上，慢慢地坐了下来。

邢鹏注意到了这个细节，意识到客户已经对那款房子产生了极大的兴趣，于是开始趁热打铁地展开推销……

当客户有异议时，邢鹏便拿出纸笔记录下来，并绘制了一张清晰的房型图。客户提出的意见进行对比，并指出客户意见合理的地方和不足的地方，结果，他的话彻底让客户折服。一周之后，客户在邢鹏那里买了一套房子。

邢鹏成功的原因在于，他在整个推销过程中始终抓住了客户反应的每一个细节，从而把握了客户的心理意图。

细节决定成败，再大的事情也都是由很多细节组成的，因此做成功一件事情，任何细节都不可忽视。销售工作也一样，整个过程无论多么复杂、烦琐，都是细节上的环环相扣。一个出色的销售人员必须重视每个细节。从一个个细节中找出有利于销售的因素。

那么，销售中一般都有哪些细节呢？按照销售的进程即有售前、售中和售后分析，具体内容如下图所示。

```
   拜访工作        与客户谈判和磋商        完善体验
     △                △                   △
─────────────────────────────────────────────────→
    售前               售中                 售后
```

1. 售前做好每一个细节准备

多指拜访客户前的一些准备工作，对此，销售人员必须有足够的心理准备，准备好应对客户的每一个细节。比如，服装是否在整洁，领带、皮鞋是否得体，甚至见面后该如何说第一句话，都必须想清楚。千万不要轻视这些细节问题，弄

不好会影响到整个谈判。

2. 售中注意每个交谈细节

主要指与客户的沟通交流、谈判、磋商工作等。在这些过程中，销售人员也应该注意一些细节问题。比如，用什么样的方式，用什么样的语气，以及在什么时间来提问，会让客户感到你更有礼貌，显得你更尊重一些。在提问的时候，这是非常重要的，有很多销售人员就是因为提问的方式不恰当，最终伤害了客户。

3. 售后，完善用户使用产品的体验

售后主要为用户提供服务，解决用户在使用产品过程中遇到的问题。售后服务是产品销售的一种延续，只有服务跟得上才能算是真正完成整个销售过程，也只有主动提供相配套的售后服务，才能最终赢得用户的持久支持和青睐。

售后服务严格地讲更多的是一种企业行为，而且大部分由专门的售后人员提供。销售人员的主要任务就是做好售后服务的细节，充当好用户和售后人员的桥梁，或者协助售后人员做好工作。当用户在使用产品的过程中遇到困惑或发现问题时，能解决的及时解决，不能解决的自然会反馈给售后人员。

细节，在关键时刻起到左右销售的进程和结果，作为销售人员，在向客户推销产品前、中、后都必须注重观察细节。细节无小事，认真对待每一个细节就是大事。任何工作再大，再宏伟，也都是由一个个细节构成。一个优秀的销售人员更应注重所有的细节，对每个细节负责，把每个细节做好。

第 6 章

一句话说到客户心坎里，制造"抢购"假象

金牌销售人员总能够以出众的口才赢得客户的信赖，取得骄人的业绩。好口才是个人魅力良好展示的窗口，是取得销售业绩的重要保证，同时也是客户潜在的一种心理需求。一句话说到客户心坎上，客户就容易被打动。由此可见，对销售人员而言，练就一副好口才至关重要。

6.1 从众效应：制造购买假象，渲染气氛

心理学知识索引

从众心理是很常见的一种心理现象，在心理学上的解释是：个人在受到外界人群行为的影响后，在判断、认识上会表现出符合大多数公众舆论或多数人的思维方式、行为方式。

大多数人可能都见过这样情景：

某商店门口排了一条长队，路过的人也容易随之加入排队的行列。因为从众心理常表现为：既然有那么多的人在排队，就一定有利可图，不能错失良机。如此一来，排队的客户会络绎不绝，队伍越来越长，而在这支队伍中，多数人可能并没有明确的购买动机，只是在相互影响，相互征服，即客户宁愿相信客户，也不愿相信自己，更不愿相信销售人员。既然客户有这种心理，销售人员就可以营造这种氛围，让客户排起队来。

在众人影响下，队伍不一定是有形的，但在心理上是有形的。在购买过程中，很多客户会把大多数人的行为作为自己的参照。很多人围观一种产品，如果没人购买，其余的人也都是看看，凑热闹。但是，只要有一个人开始购买，那么其他人也会纷纷去购买。

从众心理在大部分人心中普遍存在，在外界这样或那样的影响下，很少有人能够保持独立性而不被影响。从众成交法就是利用了人们的这一社会心理创造出的一种众人争相购买的氛围，促使人们迅速做出购买决策。

案例

日本"尿布大王"多川博就是利用这种方式来推广产品的。多川博在创业之初，成立了一家销售雨衣、游泳帽、防雨斗篷、卫生带、尿布等日用品综合性企业，由于公司经营没有特色，销量一度不好，曾面临倒闭的困境。

第6章
一句话说到客户心坎里，制造"抢购"假象

一个偶然的机会，多川博从一份人口普查表中发现，日本每年出生的婴儿约250万，如果每个婴儿用两条尿布，那就是500万条。于是，他决定专营尿布，并自产自销，一条龙经营。

新尿布质量上乘，采用的是新科技、新材料，生产出来后，又花大量的精力去宣传，希望引起市场的轰动。但在试卖之初，生意十分冷清，基本上无人问津，多川博万分焦急，经过苦思冥想，终于想出了一个好办法。

他搞了一个限价、限量促销活动，吸引了很多人抢购，一时间就排起了长长的队伍，并不断吸引路人加入，店前门庭若市。

由于他的产品质量的确比同行好，经过几次促销，大众也逐步认可了这种尿布，买的人越来越多。后来，多川博公司生产的尿布在世界各地都畅销开来。

多川博通过促销吸引路人排队抢购，就是充分利用了人们的从众心理，同时也可以营造一种旺销的氛围。

人的购买行为是一种个人行为，但是很多时候又受购买环境、社会环境的压力的影响。这些外在的因素会影响到自身的购买动机。从这个角度上讲，人的购买行为又是一种社会行为。这也为销售人员充分利用这种心理，扩大销售提供了更多机会。销售人员利用从众心理，可以争取到更多客户参与进来，更快、更有效地展开销售。

利用从众心理来促销是一种非常好的推销方法，但这当中也有很多不正当的做法，比如拉帮结派，利用托儿欺骗客户等，这些行为大大损害了销售人员在客户心目中的形象。因此，在利用这种心理时，必须注意避免其负面效应。在现实中，从众效应很多时候表现的是负面作用，心理学上有个羊群效应（如下图所示），是说在一个集体中人们往往会盲目从众，在集体运动迷失自我，丧失独立判断的能力。其实，这说的正是从众效应的负面作用。

因此，销售人员在运用时必须谨慎，要严格遵守职业道德，不做坑蒙拐骗、虚假宣传之事，既不要夸大事实，更不要随意捏造。否则，一旦被揭穿，客户就会产生被欺骗和愚弄的感觉。这样，你将会在客户心目中留下难以磨灭的坏印象，更重要的是，这种不良印象还会一传十十传百，一旦传播开来，影响到更多客户，

很可能毁掉你的职业生涯。

> 在一群羊前面横放一根木棍，第一只羊跳了过去，第二只、第三只也会跟着跳过去；这时把那根棍子撤走，后面的羊走到这里，仍然像前面的羊一样向上跳一下，尽管拦路的棍子已经不在了。这就是所谓的"羊群效应"。

另外，从众行为是一个集体性的行为，忽略了个体之间的差异。所以，销售人员在推销过程中也应该注意到一点，并不是所有的客户都适合于这种方法。现代社会是一个崇尚个性化的社会，很多客户同时也存在一股"叛逆"心理，不喜欢追随大流。对于那些喜欢追求与众不同、有个性的客户来说，这种现象反而容易引起他们的反感情绪。在他们看来："别人要买，别人是别人，跟我无关。"

客户的从众心理是一种非常普遍的心理，其运用技巧很值得广大销售人员学习和借鉴。

6.2 等待效应：设置悬念，等待客户主动前来

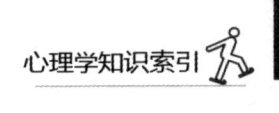

心理学知识索引

对未来不确定的事情，人总会心存希望、幻想。在心理学上，等待效应指的是由长时间等待而对人或事产生态度、行为上变化的现象。

优秀的销售人员常常利用等待效应来吸引客户，引导其心理发生积极的变化，以促进他们的购买兴趣。长久地等待为什么会让人心理上产生变化？这是因为人们对那些未来不确定、悬而未决的事情会更加关注，从而在心理上产生一种更偏向于预期效果的态度和行为。

第6章
一句话说到客户心坎里，制造"抢购"假象

因此，在推销中销售人员可以有意识地让客户去"等待"，从而给他们心中留有悬念，以激活他们的急切心情。这种方法用在推销上往往十分有效。因为大部分人对推销都有一种偏见，无论是电话销售还是上门推销，客户一开始难免都会比较反感。如果事先精心设计好一两个问题，或者提炼产品的几个卖点，谈话过程中留下一个悬念，以吸引客户注意力，比直接了当地进行效果要好得多。

案例

日本保险业销售大王原一平就非常擅长运用这种方法：故意卖个关子，给客户留些悬念。

原一平："您好！索顿先生，我是原一平，今天又来打扰您了。"

客户："哈哈，今天瞧你精神蛮好的，工作很顺利吧！"

原一平："是的，索顿先生您正在进餐啊，打扰了！"

客户："不会的，进来吧！我请你吃顿饭。"

原一平："既然厚着脸皮来了，很抱歉，我就不客气啦！"

客户："我希望你千万别忘记什么事请。"

原一平："其实，这次来还是为了上次签订保单合同的事情。"

客户："我知道，关键是其中的一些细节我仍然了解不够，需要你为制定一套详细的计划。"

原一平："那是肯定的，您是我的客户，我就有责任为您提供一切方便条件。这是一套详细的方案说明书，您先了解一下，我会根据这套方案为您量身定做一套更详尽的方案。"

客户："谢谢。"

原一平："谢谢您，真是一顿丰盛的午餐。索顿先生，我还有一些事情要处理，明天再来拜访。"

客户："好的，不过我随时需要你的帮助。"

原一平："只要你认可我的产品和服务，我马上为你出保单。"

这时，原一平向客户郑重道谢，告辞。晚上，客户就受到了原一平邮件，

金牌销售赢得客户心理的八大关键

另外还买一份厚礼，连同信一起寄出去。

二十天后的一天下午，原一平又一次去拜访这位客户，就在这一次顺利实现了成交。

例子中的原一平能如此轻松地与客户成交，最关键的就是他不断地为客户制造悬念，先是保证向客户制定购买保险计划，后又为客户赠送礼物，这些措施都一定程度上会增强客户内心的期待。

制造悬念是指对方在急于想知道某些事情或某个观点时，却获得与预期不符的结果，这种方法是主要是利用了出乎意料。销售人员在与客户沟通时，如果能制造这种出乎意料的效果，那瞬间便能使对方紧张起来。

设置悬念是一种语言技巧，指的就是，销售人员在与客户沟通的时候不直接去推销产品。而是欲盖弥彰，忽隐忽现，步步深入，吸引客户寻根问底，最后点明主题，峰回路转，柳暗花明，说出最终目的，从而实现成功推销。从心理学角度上讲，任何人接受新鲜事物都需要一个循序渐进的过程，这种设置悬念式的说话方式正好符合了常人认识事物、思考问题的一般思维。

设置悬念最重要的一个方法就是先给客户制造问题，然后分析问题，最后解决问题。销售人员在与客户交流的过程中，只要按照这个思路来，势必会掌握谈话的主动权，让客户的思维随着你的思路进行下去。在你一步步地引导下，客户对产品的了解越来越多，越来越深入，这样成功的几率会大大增加。在销售和与客户沟通过程中，先吊足胃口再适度让步是一种营销策略。通常用问题来设置悬念，包括以下三个步骤，如下图所示。

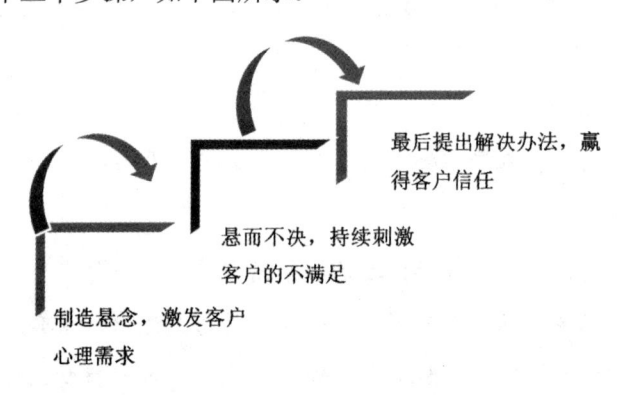

制造悬念，激发客户心理需求 → 悬而不决，持续刺激客户的不满足 → 最后提出解决办法，赢得客户信任

1. 制造悬念，激发客户心理需求

有的客户明确表示没有需求，这种情况下销售人员很难把握。但这并不意味着客户无懈可击，问题是制造悬念的最好方式。用提问的方式给客户制造悬念，让客户感到不满足，目的就是吸引客户的注意力，激发客户的潜在需求。值得一提的是，所提的问题一定要精心设计，时刻围绕产品带给客户的利益去提问。

2. 悬而不决，持续刺激客户的不满足

巧设悬念是为了更好激发客户的购买兴趣，所以，你所提的问题不能立即给出答案，这就要求你所提的问题要有新颖感、有创新性，要能充分体现产品特性，产品的价值。因为大部分客户往往会对产品的品牌、价格、安全性、质量、售后服务等这些方面进行详细的了解。这个时候，销售人员在提问中就可以重点关注这些细节。只有这样才能让客户感觉到，与你交流下去会有所收获。

3. 最后提出解决办法，赢得客户信任

提出的问题最终必须得到解决，这是最后一步，也是最关键的一步。销售人员必须对自己之前故意制造的悬念作出最终的解释，提出切实可行的解决方案，解决客户心头的疑问。只有这样才能取得客户更大的信任。

销售就是一场销售人员与客户双方的心理博弈，心理与心理的较量，谁能够掌握主动，谁就能成为最终的胜利者。推销开始之前，销售人员应该先掌握客户的心理活动，然后巧设悬念，充分吸引客户的注意力，让谈话顺利进行下去。

6.3 环境影响：布置环境，让客户宾至如归

心理学知识索引

心理学研究表明，环境可以影响一个人的心情，良好的环境可以净化人的心灵。在拜访客户时，很多销售人员或许有这样的感受：当你走进一个空气洁净、布局合理的办公室的时候，有一种很清爽的感觉。

金牌销售赢得客户心理的八大关键

在舒适的环境中，你心里是否感觉更加舒服，自由随意，而在脏乱差的场合就会感受到不适？当走进空气洁净、布局适宜的环境中，会有一种很清爽的感觉，如果桌上再错落有致地摆放一些书籍，书的旁边是一个小小的黑色的笔记本，笔记本旁边静静地躺着一支签字笔。桌子的中央是一台笔记本电脑，阳台上摆放着一盆刚刚浇灌过吊兰，你肯定认为主人是一个品味高雅的人，情不自禁地会对客户产生莫名的好感。同样的道理，当客户来访的时候，销售人员也需要布置一个适宜的环境，让客户与你沟通起来感觉很放松，很舒适。

不同的环境可能造成的不同的心理感觉，而不同的心里感觉则会进一步影响到行为。这样，我们则可以通过环境的改变，对人们的心理造成一定的影响，从而促进他们产生某种倾向，采取某种行为。

对于销售来说，客户的满意度是销售人员最应该注意的地方，而如何才能让客户更加满意，其实环境也起着很重要的作用。让客户感觉温馨、舒适的环境会增加客户的归属感，从而使其放松警惕，更容易和销售人员打成一片，说出自己的真实想法和需要，并使彼此真诚以对，利于交易的顺利达成。

消费者往往都有这样的心理，那就是愿意多花钱享受更好的服务，购买更好的商品。好的服务和好的商品能够为其提供更多的舒适和好处，内心的满足会使其心甘情愿地掏腰包。而环境也是服务中的一个重要环节。

这里的环境包括大环境和小环境，大环境指的是进行交易的场所，如在商场、店铺、客户家中、办公室、工厂或者咖啡馆等，小环境则是销售人员与客户之间交谈商讨的氛围，如销售人员是否积极热情，说话是否得体，举止是否得当等。

这些环境有很多是可以控制的，通过人为因素来主动创造。比如，有的餐厅把用餐环境设计得十分幽雅、舒适，播放着优美的音乐，服务生干净、英俊，态度热情、礼貌，其目的就是让客户吃得舒服，吃得开心，下次再来。

泰国的东方饭店是一家已有一百多年历史的国际性的大饭店。而这家饭店这么多年以来，几乎天天客满，不提前一个月预订很难有入住的机会。一个饭店能经营到这种程度，自然有其特殊的经营秘诀。因为饭店对每一个入住的客户都给予最细致入微的关怀和重视。为客户营造了最舒适的、最体贴的环境和氛围，

第6章
一句话说到客户心坎里，制造"抢购"假象

让客户流连忘返。

除了饭店的住宿、餐饮、娱乐等消费的大环境让人倍感舒适和享受以外，具体的服务小环境也让人倍感温馨和体贴。

比如，一位先生入住了这家饭店，早上出门时，就会有服务生迎上来："早上好，××先生！"不要感到惊讶，因为饭店规定，楼层服务生在头天晚上要背熟每个房间客人的名字，因此他们知道你的名字并不稀奇。当客户下楼时电梯门一开，等候的服务生就会问："××先生，是要用早餐吗？"当生走进餐厅，服务生就问："××先生，还是要原来的座位吗？"饭店的电脑里记录了上次这位先生坐的座位。

菜上来后，如果客户问服务生问题，服务生每次都会退后一步才回答，以免口水喷到菜上。当客户离开，甚至在若干年后，还会收到饭店寄来的信："亲爱的××先生，祝您生日快乐！您已经五年没光顾我们饭店，全体人员都非常想念您，欢迎下次光临。"

这样的环境和服务，让客户享受到了最舒适的体验，也感受到了最大的重视和关怀，因此，只要来过这里的客户，都会愿意再次光顾。

这就是泰国东方饭店成功的秘诀之所在，对客户给以最大的重视，为其提供最体贴的服务，为其创造最舒爽的环境和氛围，从而紧紧地抓住了客户的心。销售人员也应该从这方面努力，利用环境的因素，给客户造成一些有利的影响，促使交易朝着正面的方向前进。

环境与氛围对销售起着非常重要的作用。仅仅为客户提供质量优秀与价格合适的产品是远远不够的，如果没有提供相对应价值的环境与氛围，销售也是很难开展的。

在销售过程中，不能仅仅注重销售的硬件（要素），也要注重销售的软件（要素）。质量、价格等这些都是影响销售的硬件，而销售人员的衣着、研判会场的布置、交流氛围的营造等则是影响销售的软件，这些软件对客户最终的选择会产生很大影响。

总之，销售环境、氛围的设置和创造是销售中十分重要的环节，必须重视起来，好的环境和氛围会引导整个销售向着有利于成交的方向发展。

6.4 刚柔并济：陷入僵局时给客户道个歉

心理学知识索引 火焰看起来很柔，却能将钢铁熔化；水看起来也很柔，但能将顽石穿孔、让大石变砂砾。从自然现象来看，水和火的"柔"是一种力量。从心理学角度讲，柔也是一种最大的智慧，是人的智慧的最高体现。

刚柔并济运用在做人做事中，是一种高智慧、高情商的表现。以刚克刚，两败俱伤；以柔克刚，马到成功。以柔克刚是为人处事的至高境界；以柔克刚必变弱为强；以柔克刚，刚柔相济；以屈求伸的生存之道；政治家是最善用眼泪的。

在销售中，这一招也是非常有用的。作为一名销售人员必须具备刚与柔的心理素质。因为，销售人员每天要接触形形色色的人，百人百心，每个人的性格各有不同。往往不缺那些刚烈之人，而刚烈之人容易被柔和之人征服利用。遇到为人处事刚烈的客户更需要以柔克刚，好比一块巨石落到一堆棉花上，则会被棉花轻轻地包在里面。

销售人员与客户之间意见不统一，常会产生误解、发生歧义。如果处理不好，则可能致使与客户沟通破裂，推销失败。比如，产品在使用过程出了问题，而你又没有及时地解决问题，此时，客户肯定非常失望和生气。他们可能会直接找上门来投诉或要求退货。在这个问题上，很多销售人员处理得不好，不是走极端，得罪客户，就是陷入被动，让客户牵着鼻子走。

客户的利益与公司利益息息相关，处理不好客户关系就会影响到公司的利益，使公司利益遭受损失。因此，与客户之间的关系紧张时，如何处理好这种关系对于销售人员来讲十分重要。

第6章

一句话说到客户心坎里，制造"抢购"假象

案例

小陈是某建筑设计公司的业务人员，一家大型企业计划招标建筑设计图。这次竞争非常激烈，客户公司决定先对全市几家设计公司进行考察，小陈所在公司也在考察范围之内。

当客户公司的相关人员来到小陈公司的时候，小陈陪同参观了以往的作品展，并进行了详细介绍。这位技术顾问参观之后，对设计造型不太满意。

小陈感到客户似乎要放弃这次合作，眼看"煮熟的鸭子飞了"，情急之下强迫客户购买。结果惹怒了对方，对方不耐烦地冒出一句话："究竟是我懂还是你懂？"说完甩头就走。

因为一时的冲动使得这笔订单马上要泡汤了，小陈后悔不已。第二天，小陈又来拜访这位技术顾问，见了面，说："陈教授，今天我来拜访您主要是向您道歉。昨天回到家后，我把事情的经过从头到尾仔细地想想，我做的的确不妥。我应该感谢您，感谢您指出了我们产品中存在的缺点，您的话对于我们以后的工作改善非常有帮助，我们会注意改进。"

小陈在说这番话的时候，非常诚恳。这位技术顾问听了感到很舒畅，于是也和蔼地说："您不必这么灰心，毕竟我们还在考察阶段，再说，你们的产品总体上还是可以的，只是设计上有点欠缺，譬如说……"技术顾问又开始讲解。此过程中，小陈一直在认真倾听。最终双方达成了协议。

上述例子中小陈的成功就在与他及时向客户道歉。其实，在推销中，道歉是非常重要的。因为产品本身难免会出现问题，客户可能会因此而表达一些不满、抱怨，这时，作为销售人员，就必须端正态度，认真对待。

销售人员的态度左右着客户的态度。然而，有的销售人员并不能正视这个问题，当客户要求调换或退货时，态度极其恶劣；还有的客户销售人员对某些客户存有偏见，往往会故意刁难，说话非常不客气。这往往会激起客户更大的不满，致使双方关系恶化。

遇到这种情况，作为销售人员的你千万不可以牙还牙，与客户争论不休。而

金牌销售赢得客户心理的八大关键

是要试图改变当时窘迫的态势,改变客户的想法。从心理学角度来讲,客户只有感觉到自己的需求得到了满足,才能够对你和你的产品产生好感。

当客户对你的产品或服务提出异议时,也许言辞激烈,但这并不是针对你个人或者你所推销的产品,而是意在表达自己心中的不满。这时,你不妨给客户一个台阶下,顺着客户的意思说下去,最好暂时顺从他们的意思,让他们充分表达心中的不满,这样,客户的心理上就会得到满足。当他们把所有的怨言、不满发泄完,情绪自然会稳定下来,此时再寻找机会向客户解释清楚。

1. 尊重客户的意见

在与客户交流的过程中,客户只要提出异议,首先应该给予尊重。这个时候,销售人员不是置之不理,刻意打击,更不是一味地争论,比一个谁高谁低。而是要表现出理解、尊重,先稳定客户情绪。也许有的人想不通,客户对你无理,也许是无理取闹,没有事实依据的争吵,如何去理解和尊重?其实,客户提的异议对你来说也是一次改进,一次提高。试想,如果对方都自己的不快和异议藏在心里,不表现出来,就像一颗炸弹,说不定什么时候就会爆炸,反而对自己不利。

2. 鼓励客户说出真相

当客户提出不满或异议时,有的销售人员只顾推卸责任,说一些"不是我的问题"或者"不是产品的问题"之类的话。对于客户的不满,销售人员不应该回避,这样反而或招致客户更大的不满。相反,这个时候,要试图引导客户,支持和鼓励他们说出心中的不满。 因为只有这样,客户才会感觉自己受到了重视,而对于你来说,也可以充分了解客户心底真正的想法,这对接下来的销售是极为有利的。

3. 及时真诚地道歉

对于客户不满或异议,在稳定他们的情绪后,就要及时道歉,"先生,您别急,有什么问题您慢慢说,我们的产品到底出什么问题了?"或者说"我先给您检测一下吧,如果是产品本身问题的话我负责调换;但如果不是这个问题,你则需要从其他方面找原因。"

之后，需要专门针客户所提的问题，进一步了解，弄清楚客户对产品为什么有意见，有哪些意见，以及哪些问题在自己解决范围之内。能解决的一定要解决，给客户一个满意的答复。

在推销过程中，销售人员与客户发生分歧时，既不能忍气吞声，唯唯诺诺，也不能盲目顶撞，应该本着"客户是上帝"的原则，时刻为客户提供最好的服务。但是，这并不等于要否定自己，把自己放在被动的地位。而是为了更好地表明自己的立场和态度而采取的一种缓兵之计。因为当发生争议的时候，双方都在气头上，总有一方需要做出让步，作为销售人员就必须主动些。

6.5 限量法则：限制数量，产品的价值倍增

心理学知识索引　越是得不到的东西，想得到的欲望越强。从心理学角度看，这就是一种"物以稀为贵"的心理。物以稀为贵，稀缺就可以创造价值，这就是心理学上的"稀缺法则"。在大多数人心里，稀缺的东西往往能带来心理上的满足。

人通常都有这样的心理，越是稀少的东西，越是不容易得到的东西，他们对这种东西的好奇心越强，想得到的渴望也就越强。在市场上，有的画价值连城，可以拍出天价，有的画一文不值，产生如此大差距的原因有时是因为数量上不同，物以稀为贵，数量少的画价值就高，数量多的自然一文不值。

在销售中，销售人员如果能够应用这种稀缺原理制造一种稀缺假象，产品的价值就会倍增，对消费者的心理刺激也会加大，这就是我们即将讲到的——稀缺营销。稀缺的产品显得更为珍贵，同时让拥有它的人觉得更有价值。

比如，我们常见的法拉利车、茅台酒为什么比一般的车、酒要贵很多，就是因为它们在市场上很难买到。从营销策略的角度讲，它们之所以少是因为商家生产的少。法拉利全球限量生产，每款车都是定制的，你有钱都没有办法买到。

金牌销售赢得客户心理的八大关键

我国茅台酒也限量生产、销售。从这个角度来看，很多产品不是它们的量本身就少，而是由于限量生产，限量销售，从而造成一种"稀缺"的状况，迎合了人们"物以稀为贵"的心理。

从这个角度看，限量生产、销售是一种销售策略。由于设置了限制条件，价值也会随之提升。可见，销售人员在向客户推销产品的时候也可以运用这种营销策略，有意地制造稀缺。

案例

小魏是某房地产公司的销售人员，他的客户王女士对市中心一旺铺非常满意。唯一分歧就是认为价格偏高，因而久久没有达成协议。这次，小魏充分利用限量限价，以及商铺地理位置的优势，成功说服了客户。

销售人员："王女士您好，我就是A楼盘置业顾问小魏，关于房子我想再跟您沟通一下。"

客户："你是说前几天那套商铺的事情啊，我现在正在处理别的事，回头再说吧。"

销售人员："这个楼盘绝大部分的商铺已经预售出，现在只剩下几套了，您也知道上次我们沟通得挺好的，这套是我专为您预留的"

客户："现在还是价格的事情，我觉得还是有些高。"

销售人员："价格真的不贵，现在国家都在限价，开发商制定的价格目前都处于非常合理的价位。这套商铺之所以有些偏高，就是因为地处黄金地段，商业中心带，很多客户都是看重这点。"

"价格真的没有一点优惠了吗……"还没等王女士说完。

小魏就继续说道："您的眼光非常不错，这个位置正适合投资餐饮，不过，真的快售完了，这样好的楼盘往往都是限量版，好多客户与您想法一样，主要用作投资做生意。"

客户："小魏，这样吧，这家商铺还给我留着，我开车马上到。"

结果，客户很快就开车过来，并签了合同。例子中这位销售人员正是利用

第 6 章
一句话说到客户心坎里，制造"抢购"假象

限量法则来调动客户的购买欲望，因为人人都有这种"怕买不到"的心理，在限量限价的驱使下，客户会尽快采取购买行动。

在推销中，销售人员应该充分利用客户的这种心理来促成交易，因为，很多时候，客户迟迟不肯购买并不是对产品不满意，而是故意拖延时间，寻找各种理由来增加沟通的砝码。比如，有的客户对产品的价格不满意，但是又不直接提出，而是借购买力不够或者产品有瑕疵提出异议。如果你读懂了客户的这种谎言，就应该积极采取稀缺营销策略，让客户感到再晚就买不到了。

比如，可以对客户说："这种产品只剩最后一个了，短期内不再进货，你不买就没有了。"或说："今天是优惠价的截止日，请把握良机，明天你就买不到这种价的了。"这时，客户往往会果断购买。

稀缺营销能够很好地激发客户的购买欲望，这个就是我们常用的"激将法"。客户没需求时激发需求，客户动心了，又故意不直接卖给对方。这样一来二去，把客户的胃口吊足了，销售人员就应该主动出击，采用这种稀缺营销策略，促使客户尽快购买。

在销售中，玩转"稀缺"，能让消费者一步一步进入你设置的"陷阱"。通常来讲，制造稀缺的方式有两种，如下图所示。

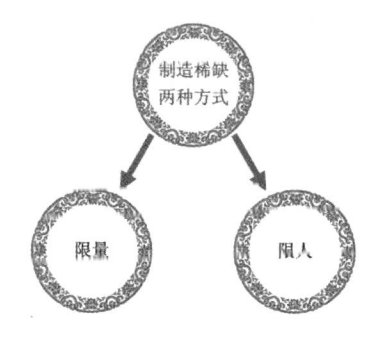

```
        制造稀缺
        两种方式
         /    \
      限量    限人
```

1. 限量制造稀缺

当某个人看到到自己想要的东西数量有限时，就会认为自己所向往的产品价值更大。销售人员可以采取故意性的制造限量生产推出辅助高端产品进行品牌地位的奠定，短缺的产品更能激发人们的兴趣。

金牌销售赢得客户心理的八大关键

比如，耐克曾经将限量策略运用到了极致，甚至达到了疯狂的境地。2005年，耐克推出了限量版飞人乔丹13代复古低帮鞋，引得数百消费者排起了长队。我记得在网上看到NOKIA在美国推出顶级版N96试用时，市民一大早在店门口排长队的情景图片。遗憾的例子也让我们对品牌觉得惋惜，比如风靡一时的万宝路和派克笔，就没有很好运用稀缺辅助营销，并打出低端定位，结果就这样失去了市场优势，由此也可以看出消费者也是很"无情"的，因为你并没有真正地去尊重这个品牌的消费群。

2. 限人制造稀缺

限人，让进入限制范围的消费者荣光无比，消费者将进入"限制范围"作为自己个性的体现和身份与社会地位的象征，实现了情感沟通。比如一些高级商务会所，入会要经过严格苛刻的条件，才能成为会员，而这些会员往往就是属于金字塔顶部的高收入人群。一些商场开业也适当运用了限人的策略促销方式，采取前一百名消费者进入商场可以以十元购买指定的家用电器等，这种方法使得到名额的消费者沾沾自喜。

然而，这种销售方法在运用的时候有很多限制，用得好，一招制胜；用得不好，反而会阻碍推销的顺利进行，甚至推销失败。所以，销售人员在运用这种策略前，一定要明确：一定要是稀有资源。

比如，钻石和水，正常来讲，钻石要比水贵重上万倍，而水在沙漠中又要比钻石贵上万倍。这就是因为它处于某种时代和环境中显得稀缺，是一种稀有资源，甚至是一种不可替代性的东西。其实，任何资源是否稀缺，在于特定的地方、特定的时间。

比如，只有茅台镇这个小区域的地方能生产的才能称得上纯正的茅台国酒；越南红木之所以在全球可以卖出天价，就因为它只盛产在越南，而且资源不断缺少。还有巴马香猪利用中国长寿之乡的地域品牌优势借势生长，三黄鸡之乡玉林市缔造了金大叔土三黄鸡高档特色品牌神话，抢占稀有资源。

你的品牌就相当于拥有一把尚方宝剑，可以轻松快速赶在竞争者前面，占据消费者的心智。

第 6 章
一句话说到客户心坎里，制造"抢购"假象

6.6 限时法则：限定期限，让客户产生紧迫感

心理学知识索引

许多人都有这样的心理：对一些不需要马上做的事情，总习惯在最后时刻才去做。其实，这就是心理学上的限时法则的作用。限时法则针对的是人的拖延心理。大多数人在做某件事时总会拖拖拉拉，心理上总感觉预备不足。当感觉准备充分的时候，往往会超出预期时间。

教育家曾经做过这样一个实验：让一个班的小学生阅读一篇课文。实验的第一阶段没有规定时间，让他们自由阅读，结果全班平均用了八分钟才阅读完；第二阶段规定他们必须在五分钟内读完，结果他们用了不到五分钟的时间就读完了。这个实验反映了"最后通牒效应"对人们心理的促进作用。

一个人决定购买某种产品并非是此产品有多大的使用价值，而且一个产品的价值可以在不同时段内体现出来。比如，你夏天买一件羽绒服，现在不适合穿，但是可以放到冬天。有人会问，不需要为什么要买呢？就是因为当前正值反季促销活动。在推销中，"最后期限"是一种非常常见的推销策略，比如我们经常在商场门口看到这样的标语："5月1日—3日期间，所有产品八折""国庆节期，买家电送大礼"。这都是一种"限定期限"的推销手段。

这种方法适合于各种销售活动，销售人员推销产品或商业与客户沟通中都可以运用这种策略。限定时限往往可以逼迫客户下决定，目的在于唤起客户内心的不安和恐惧。比如，你与客户就付款方式的问题发生分歧争执不下时，就可以向客户提出最后通牒，限定时间，迫使客户尽快做决定。

在销售中、与客户沟通进入胶着状态时，为了打破僵局，销售人员有时候必须大胆出击，出奇不意。给客户设下期限，无疑是向对方下最后通牒，它往往能够打破客户拖延的希望，给正在犹豫中的客户当头一棒。

限定期限这种方法可以促使客户尽快决定购买，但通常是有条件的，是特

金牌销售赢得客户心理的八大关键

定情况下不得不采取的一种特殊策略。因此销售人员在使用时要慎之又慎，大致需要看是否符合以下两个条件，如下图所示。

客户故意采取拖延战术，且你已经将优惠程度降到了最低

客户对你本人是否十分信任，是否有长期合作的打算

除了符合以上条件，还需要运用一些技巧，具体如下。

1. 把握恰当的时机

销售人员在向客户提出通牒之前，一定要把握好时机，不能太早，有的销售人员在推销开始阶段或者中途态度就十分强硬，只会导致推销失败。下最后通牒通常是在推销已经基本完成，客户已经答应了大部分要求，只是部分问题上没有达成协议，或者在时间、精力等方面已经有所消耗时。这时对方已经无路可退，难以抽身。

2. 圈定明确的期限

限定期限的最终目的不是将对方逼到死角，别无他路可走，而是提醒对方应该更加重视起来，行动起来。所以，销售人员在下达"最后通牒"的时候，应该设法给对方留一条可选择的路，至少在对方看来是两害相权取其轻。

在销售的最后阶段，很多客户都会提出苛刻条件，向销售人员施加压力。而有的销售人员也常会表现出不耐烦，甚至说些难听话。其实，越是在最后时刻越要有耐心，不要因为自己的情绪失控而前功尽弃。这个时候，销售人员可以给客户设定最后期限，使客户尽快下决定。

第6章
一句话说到客户心坎里，制造"抢购"假象

6.7 最后效应：保留最能吸引客户的产品优势到最后

心理学知识索引

"最后的东西"总能够给人以更大的惊喜，比如，最后一句、最后一幕、最后一别……人们对"最后时刻"发生的事件往往有更多的期待。这种心理在心理学上被称为"最后效应"，也可称为"最后即好效应"。

很多人潜意识里会认为"最后的巧克力才是最好吃的，压轴戏往往是最好的"。在大多数人心里，留到最后的东西往往最好，"最后即最好"的心理存在于任何人心中，无论是面对大事还是小事，这种心理都会一样发生作用。在产品介绍过程中，每个销售人员应该充分利用人的这种心理，让客户产生"最后会有更好的"或者"最后会有更吸引人的"心理，提高客户对产品的好感度。

向客户介绍产品时，为了更保证高质量地进行下去，销售人员不要过早地暴露自己的底线，一开始可以避开核心话题，既要围绕产品质量、数量或者价格展开，又要把产品最大亮点，最有价值的地方留在最后、最关键的时刻透露。只有抓住时机，才有可能一招制胜。

案例

方德是某玻璃制品厂的一位销售人员，公司生产出一种产品，即将出售。这是一种加工成带状的玻璃制品，他去拜访客户，当他向客户介绍产品的时候就运用了这种方法。

方德："您认为这款产品怎么样呢？"

"我非常喜欢它，但是我认为它价格有点贵，这是一个荒谬的价格。"客户回答道。

方德说："我知道您对产品很了解，您认为它价格定在多少合理呢？"

客户表现得非常高兴："100元/尺。"

金牌销售赢得客户心理的八大关键

"您说的有道理，目前市场大多数都在这个价位，但这种玻璃和那些不一样。它有一个特殊功能。"

听完方德的话，这位客户用惊奇的眼光看着他说："我不知道您是指的是什么？"

方德拿起一块玻璃往地上一丢，只听"咣啷"一声巨响，玻璃却没有摔碎。接下来，他又详细地介绍了为什么没有碎的原因。客户被这个特殊的功能深深吸引，最后决定从方德这预订一批。

通常来讲，与客户沟通的过程绝对不会一帆风顺，为了加重与客户沟通的筹码，销售人员在阐述时要分清轻重缓急。先说次要的，再说重要的，在客户没有明确的购买意向之前，要把自己最有价值的话隐藏起来，让对方在与你谈话中有所期待。上述例子中方德就很好地运用了这种说话技巧，开始只是介绍玻璃具有的一些常规属性，到最后才亮出"摔不碎"这个特性，既让客户感到吃惊，又能将客户的购买欲望调动到最高。试想，如果一开始就说出这个特性，其吸引力就会大打折扣。

那么，销售人员在向客户介绍产品时，如何才能达到"最后即好"的效果呢？可从以下三个方面入手。

1. 明确客户的关注点

这一点指的是，要知道客户的需求点在哪里，也就是说，要知道客户对产品的哪个"卖点"最感兴趣。是质量还是价格？是外在形象还是内在品质？当你明确了客户的需求点之后，就可以根据客户需求来确定哪些话是最重要的，哪些话是相对次要了。然后把最重要的话当做最有吸引力的话放在最关键时刻说。比如，你知道了客户的焦点集中在产品的价格上，在谈论过程中，就要尽力避开这个话题，利用其他对产品的有利的话题去引导对方。当对方被这些产品的优势所打动之后，反过来再谈论价格，压力也就大大减轻了。

在展开交流之前必须摸清客户的需求点。客户的需求千变万化，如何根据客户的需求来述说产品的优势呢？这就要求销售人员首先要有明确的客户群，对目标客户进行定位，分析之后，再调整推销产品的方式，适时地体现出产品的某种优势。那么如何挖掘、分析目标客户的需求呢？可从以下四点入手，如下图所示。

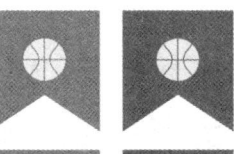

- 了解客户的刚性需求
- 了解客户的潜在需求
- 站在消费者的角度看问题、想问题
- 挖掘客户需求背后的深层次心理

只有知道了客户的目的集中在产品的哪一点上，并在销售过程中时刻不忘销售的主要目的，才有可能在关键时刻一语中的，说服客户。

2. 明确产品的优势所在

销售人员首先要对产品有个全面详细的了解，了解之后，接下来便要寻找销售对象，了解客户是什么类型，他们迫切需要些什么，他们的支付能力如何。熟悉客户的需求之后，再有选择地向客户推销。比如，某一客户注重产品的实用性，销售人员在推销的时候就要突出产品的实用性特点；如果客户注重产品的时尚性，推销时则要突出产品的新颖感，或者时尚元素。

特性	内容
实用性	客户认可一个产品最主要的原因无疑是实用性较强，这是客户最普遍遵守的购买原则
经济性	同样的产品价格便宜能争取到更多的客户，大多数客户在采取购买行动时，产品的售价是一个重要的参考因素
安全性	人们日益重视产品的安全性，尤其是在购买电料电器、保安用品、交通工具、易燃易爆产品时，客户更要注重其安全性能
娱乐性	在现代社会中，大多数人的工作和生活都处于一个快节奏之中，很少有闲情逸致，亟需精神上的调剂放松，所以产品的娱乐性也是一个非常好的卖点
美观性	爱美是人的天性，在很多情况下，产品的包装、外观、样式如何，决定着客户购买与否

3. 产品优势是针对客户需求而言的

产品优势只有结合客户的需求才能体现出来，客户没有这方面的需求，产品的任何优势对对方都没有意义。所以，销售人员在向客户介绍某产品的优势的时候，一定要先了解对方的需求，然后根据需求确定所体现的产品优势。

把最重要的话题留在最后时刻，但是，这个"时刻"具体如何来把握却是非常重要的。因为，推销毕竟讲究一个时效性，如果客户发现你始终无法谈到产品的主题上来，就会心生厌烦，遇到一些脾气急躁的客户可能会直接拒绝，这将会导致你的工作前功尽弃。销售人员说任何话都是围绕产品展开的，但绝不可以运用过度，否则，双方的谈话就会偏离主题，无法转到产品销售上来。

第 7 章

引导客户成功签单，促使马上付款

签单是销售工作的最后一个环节，一番唇枪舌战之后，整个销售终于尘埃落定，只要对方签单、付款就意味着大功告成。然而，千万不可小觑这个关键时刻，最后的临门一脚并不会那么轻松，仍需要销售人员一步步地耐心引导，有效的引导有助于成交顺利实现，否则反而有可能前功尽弃。

7.1 心理防御机制：找到客户拒绝的真正理由

心理学知识索引 心理防御机制是弗洛伊德提出的心理学名词，是指自我对本我的压抑，当自我觉察到来自本我的冲动时，就会以预期的方式体验到一定的焦虑，并尝试用一定的策略去阻止它，这个过程就是防御，或称为自我的防御。

前期所有的沟通工作都十分顺利，客户也答应得很爽快，而往往就在签单付款的关键时刻，客户却犹豫起来，有的甚至开始反悔，这不禁让很多销售人员有功亏一篑的挫败感。失败在临门一脚的时刻，这样的事在销售实践中比比皆是，为什么问题总是出在这最后的"临门一脚"上？

原因很简单，需要从人的心理层面入手来分析。一般来讲，客户在签单阶段突然反悔，与自己曾经的失败经历有关，比如，被他人欺骗，或者有过其他不愉快的购买。所谓"一朝被蛇咬，十年怕井绳"，当客户有过失败的经历时，会对所有的推销员以及同类产品存有一个较坏的印象。这种印象深深地刻在对方的脑海里，这时，当我们去推销时，对方内心处于高度戒备状态，任凭怎么介绍，也很难再次接受。

在心理学上有个"心理防御机制"，这是个典型的防卫性心理，是一种全然潜意识的自我防御。即当需求无法得到满足时，便会产生挫败感，并极力压抑自己。为了解除内心这种烦恼和不悦，普遍会编造一些理由自我安慰，从而使自己从消极情绪中解脱出来。

可见，人在遭受不愉快的经历后或处于紧张的情绪时，心理上很容易产生一种心理防御，是指个体面临挫折或冲突的紧张情境时，在其内部心理活动中具有的自觉或不自觉地解脱烦恼，减轻内心的不安，以恢复心理平衡与稳定的一种适应性倾向。

第7章

引导客户成功签单，促使马上付款

> ★ **案例**

销售人员："唐先生，您是否可以给我一点时间，允许我为您推荐一款人寿保险呢？"

客户："我再也不相信你们保险员说的话了。"

该销售人员先是一愣，似乎意识到什么，对方可能有什么苦衷："您对我有什么不满，请直言。"

客户："好了，我现在什么也不想说，你还是走吧。"

销售人员："遇到什么麻烦说出来可能会有更好的解决办法。"

客户："保险公司培训出的都是一模一样的人，油腔滑调，耍嘴皮子！一套一套的，嘴巴甜得要命，都是假的。"

客户："我猜您一定是被人骗了。"

客户："我曾被一个保险推销员给蒙骗了，有时候想想，其实任何保险都没有向你们说得那么好。"

销售人员："这到底是怎么回事？"

在这位销售人员的劝解之下，客户终于说出了真相，原来他曾经投保了一家骗子公司，不但没有得到应有的保费，而且连本钱都搭进去了。

例子中这位客户迟迟不肯接受推销，显然是仍没走出以往失败经历的阴影，以至于缺乏足够的信心去正视现实。针对这类型的客户，销售人员要表达自己的同情之心，理解客户的遭遇，首先在情感上建立共鸣；然后深入交流，帮助客户解决遇到的问题。进一步打开客户的心扉。

为达到这个目的，整个过程需要分以下三步走。

1. 耐心倾听

对有偏见的客户，有时候听比说更重要。因为他们正处于抗拒状态，很难听进你所说的话，你完全处于被动地位。这时唯一可做的就是耐心倾听，了解客户，发现客户存在的问题，从而有针对性地解决。

2. 弄清情况

导致客户购买过失败的原因有很多，作为销售人员，我们要彻底弄清事实原委，给对方一个合理的解释。既不能盲目地把全部责任推到同行身上，也不能埋怨客户有错。而是要根据实际情况，认真分析到底是什么原因。

3. 解决问题

弄清楚到底是谁的问题后，即使不是自己的问题，在有能力解决的前提下，也一定要负责到底，或退货，或调换；如果确实是客户自身的问题，就要明确地告诉对方，让他们意识到自己的错误。

7.2 布里丹毛驴效应，制订购买方案，增强客户购买信心

心理学知识索引

布里丹是巴黎大学教授，他就一头驴在两捆等质量的草之间如何做选择的问题做了这样一个实验：证明在两个相反而又完全平衡的推力下，要随意行动是不可能的。表明如果一个人永远徘徊于两件事之间，对自己先做哪一件犹豫不决，将会一件事情也做不成。

人都有共性，当只有一条路可走时会毫不犹豫地坚持下去，当有两条路可走时，反而会犹豫不决，彷徨不前。这就是心理学上的布里丹毛驴效应。销售中也一样，如果给客户选择的余地太多，反而会让他们不知所措，难以抉择。所以，客户不是寻找产品，而是寻找解决方案，是寻找更方便的解决方案，更好的解决方案。

鉴于此，发现客户不下单时，销售人员应弄清原因，制定一个切实可行的购买方案。只要能为客户设定一条路，他必然会按照你的设想走下去。然而，很多销售人员在推销过程中有一种奇怪的现象，也许是为了吸引客户的注意力，也许是怕遭到客户拒绝，在表达自己的想法时总是做很多铺垫，谈论一些与产品、

第7章
引导客户成功签单，促使马上付款

与推销没有什么关系的话题。在临门一脚的关键时刻，说太多的话，无论对错，都对推销没有什么意义。所以，最好单刀直入，直截了当表明自己的意思。

案例

某医药厂现在生产了一种新药品，而且疗效非常好。小刘是这家药厂的销售人员，一天，他去拜访一家药店，希望药店的老板能进这批货。

当与客户简单交流之后，发现客户对这种新药并不是十分了解，而且也没有强烈的了解欲望。这时，客户说："这样吧，你先留一张名片，我先了解一下，需要的话给你打电话。"

小刘知道，客户这样说只是敷衍之词，目的是希望自己尽快离开。小刘灵机一动，既然对方想"了解"，不如直接向其直接推销。说不定还有转机，令客户改变态度。

于是他便开始了推销工作。小刘说："这药是我厂家的最新产品，由于疗效不错，刚投入市场便受到了专家和用户们的普遍好评。"小刘一口气对客户讲解了关于这种药品的性质、效果及市场行情等信息。

"我只是在电视、报纸的广告上了解到了一些大致情况，但不敢肯定这种药品的效果。"客户淡淡地说。小刘了解到这种情况之后，继续说："这种药品采用科学配方精制而成，对治疗××病确有很好的效果，经临床试用，治愈率达95%以上。现在我们的厂家已经收到了许多使用这种药品而病愈的用户的感谢信，他们都充分肯定了这种药的作用。"

小刘这样一段话深深地吸引了客户，客户随之与他攀谈起来。小刘见客户的态度较先前已经有了很大转变，便再向他强调现在就应抓住时机购买。

至此，客户已经没有什么可犹豫的了。

坦诚是一个销售人员必须具备的素质，在与客户交谈时要表现出真诚。尤其是在遭到客户的拒绝之后，更应该坦诚相待，把想说的话明明白白讲给对方听，这样容易给客户留下一个好的印象。这种印象一旦在客户心中形成，对以后的推销及下一次的交易是有很大帮助的。

金牌销售赢得客户心理的八大关键

有的销售人员也许会反驳这个观点,因为事实证明,在拜访客户之初不宜直接去推销。其实,很多时候,完全没必要拐弯抹角,否则,客户认为你根本不是诚心的,这样反而增添了客户对你的不信任感,拉大了你和客户之间的距离。所以,在运用这个策略时也必须掌握好说话的技巧。

众所周知,买东西和做其他事情一样,有个时机问题,如能把握时机,按计划进行,那么一定能很顺利、很安稳地办好事情。因此,在推销过程中,要注意强调推销的最佳时机,使客户感觉如果现在不买,将来就可能会后悔。这样,即使是客户当时不需要的产品,也可能先把它买下来,以免将来后悔。

在你强调购买的最佳时机时,必须向客户介绍当今这种产品在市场上的行情,生产这种产品的厂家的情况及客户对这种产品的需求方面的情况,让客户觉得你说的是有根据的,是经过分析许多各方面的讯息而得出的结论,否则,客户很难相信你。

另外,要表现得尊重客户。每个人都希望得到对方的尊重,受到别人的礼貌接待。作为销售人员,应该理解客户的这种心理需要,主动去满足客户。

推销产品时,你可以这样说:

"我这个人一向不太喜欢给不熟悉的人下结论,不过对您我确实可以这样说,您是我遇见的客户中最好的一个。也许您会认为我说这话是为了推销自己的产品,但请您相信,不管您对我的产品怎么看,是否愿意购买,这些都对我不太重要,我仍然觉得您是我遇见的最好的客户。与您合作、谈交易,我觉得是件很愉快的事。我真的很乐意跟您交朋友、谈交易,替您出一份自己的微薄之力。跟您合作,我觉得我的工作都变得轻松愉快,谢谢您。"

此时客户心里会认为你是个真诚可靠的人,也就愿意跟你做交易了。这之后,你就可以继续进行产品介绍。而此时客户也愿意听你的讲解,了解你的产品,与你做这笔交易。

第 7 章
引导客户成功签单，促使马上付款

7.3 馈赠效应：利用小礼物，让客户产生回报之心

心理学知识索引

很多人都有过这样的经历，在接受了别人的帮助或者接受了礼物之后，心理上会有一种包袱，感觉总是欠对方一个人情，并且想以相同的方式补偿，这就是心理学上的"馈赠效应"。

对于大部分人来讲，一旦接受了他人的某种帮助，或者接受了某人的礼物，在心理上就会有一种"欠一个人情"的想法，而且他们会想着如何偿还这笔"人情债"。否则，一天"不还"心理上就会有一种无形的压力，这就是心理学上的"偿还心理"。在销售中也一样，销售人员同样可以利用人的这种"偿还心理"来给客户施压，影响客户的购买决定。首先为客户提供一些帮助，或者送一些小礼物，满足客户"获利"的心理。当对方因不好意思拒绝时才去推销，这样成功的机会会大大增加。

按照人的这种心理，在推销时，销售人员可以通过一些巧妙的方法，在产品本身价值不变的情形下，合理地提升产品的无形价值，如果能激发起客户强烈的"偿还、回报"之心，那么所获得的回报也会高许多。

案例

日本推销大师原一平在拜访卖五金交电的老朋友时，老朋友感慨地说："瞧你推销的保险生意多好，而我这个小店生意清淡，马上要关门了。"正聊时，一个小男孩来买灯泡，老朋友起身拿一个灯泡试了一下是亮的，随后收了钱。

原一平问："你每次都是这样做生意吗？"

朋友说："是呀。这有什么不对的？"

原一平说："如果是我，我会找点话题与小男孩聊几句，比如问他读几年级，

金牌销售赢得客户心理的八大关键

为什么让他一人来买东西？走时，要提醒他，小心摔坏灯泡，或者赠送一个小保护套等。目的是让他回去后告诉他父母，如果灯泡不亮或者有其他问题，可以拿来退。"

朋友不解地问："对小男孩说这些有什么用？"

原一平说："首先，和小男孩亲近，他会向很多人说你是个和气的人，通过小男孩告诉他家人，灯泡质量有保证，家人会向亲友推荐你的产品质量和信誉。"

朋友一听，这才明白原一平是个名符其实的推销大师。

显然，说一些带有关心的话，客户会在不知不觉中接受你的意见。不用急着谈你的产品，可以在开始的时候讲一些问候客户的话。小礼物——它可能只是一件很小的东西、一件小饰品，但却代表着一个重要的、精妙的主意，小礼物被送到一些客户的手中，可能会起到决定性的作用，客户可能会收回他给其他竞争对手的订单。

客户手里拿着销售人员馈赠的小礼物，心里想着："这个供货商不仅提供产品，还乐于在客户身上花心思。"这样，销售就变得更具有说服力。客户脑子里就会产生这样的印象：我可以从这家供货商那里期待更多的服务和建议。

销售人员在选择礼物时应该富有创意，给每个帮助推荐产品的客户送上一份真正的私人礼物。礼物的价值不在于它值多少钱，而是要表达销售人员对客户的谢意，感谢客户为销售人员所做的工作，表达销售人员对客户价值的肯定。

客户礼物的馈赠理由需要销售人员花费心思去思考。给客户赠送礼物，为什么一定要是出于商业的理由呢？为什么不能是客户私人生活的理由呢？客户的办公场所装修、客户的企业生产扩张、客户赢得一场网球比赛，这些都可以是我们赠送礼物表达心意的理由和机会。

对于销售人员来讲，"偿还术"是一种非常重要的推销策略。那么，到底应该如何运用这种心理策略呢？应该注意以下几点：

1. 赠送的礼物要有特点

赠送给客户的礼物越令人惊奇、越让人意外，客户就越高兴。客户越高兴，

第7章
引导客户成功签单，促使马上付款

借助礼物加强与客户联系的作用也就越大。赠送礼品的目的就是要进一步密切客户与供货商之间的关系。蕴涵精妙主意的礼物、与客户息息相关的礼物、出人意料的礼物、能给客户带来快乐的礼物，是企业客户关系管理中的重要手段和工具。

（1）礼物要有利于提升产品形象

向客户送一件小礼物，目的是加深客户对主产品的印象，让客户更好地认识产品。所以销售人员在选择的时候，一定选择与自己推销的产品关联比较紧密的东西。否则，与产品毫无联系，就很难起到相应的作用，不但侵害到客户的利益，反而会损害了公司形象。

（2）礼物要有利于产品宣传

礼物的作用就既提高产品的美誉度和忠诚度，时刻提醒客户，对产品有宣传作用。在商品上印有公司或产品的标志，或者是同是一类产品，在设计上要变化一下，一个小小的创意就可以盘活整个市场。

（3）礼物要符合客户消费心理

礼物的选择不但要符合特定的节日气氛，还一定要符合客户的消费心理需求，能够引导客户消费。那么，如何在实用、保证质量的基础上让客户感兴趣。就要求事先对客户需求有一个详细的了解，根据客户的需求选择礼物。

2. 寻找客户的情感诉求点

在一切为客户着想的"新销售"中，小小的礼物可以为客户带来一种"量身定做"的体验：通过礼物把小小的"体验故事"与"商品推广"紧密地结合在一起。销售人员在选择礼物和馈赠礼物时应遵循的原则就是：借助大众媒介的力量与客户亲切地交流，设身处地地为客户着想，采用能给客户带来乐趣的方式，让客户发出赞叹。

3. 根据客户需求选择礼物

除了让客户购买你的产品和服务之外，如果你还留心到他们的其他需要，那么你会得到很多好处。不管你是否愿意接受，你提供的业务和你的竞争者提供的并无太大区别，你得意识到这一点。用心努力满足每位潜在客户的个人需要，他们将会偏爱于选择你。利用这一点，你将与众不同。

客户之所以决定购买一个产品或享受一项服务，一定会倾注自己的某些感情需求。所以，在推销的时候，必须找准客户感情需求的某一情感诉求点，以此来激发对方的需求。否则，在你的压力之下，大多数客户会产生一种条件反射的惯性行为，即对于别人的免费帮助抱有一种警惕的心理。

通过赠送礼物，让客户产生"偿还"的心理，这种方式能增加客户的"背负"心理，可以有效地促进销售。这是一种心理战术，销售人员在推销过程中，要有意无意地使用这一技巧，以最大限度地实现目标。

7.4 二选一法则：圈定答案引导客户做出选择

心理学知识索引 人都有一种跟随最后选择的习性。当你想让他人跟随你的意愿进行选择的时候，不妨给客户一个"两者择其一"的提问，将希望对方选择的那项放在后面说。采用这种巧妙的心理利用术，往往能够让你在销售中握有绝对的主动权。

"二选一"法则产生的方法也叫选择成交法，是指销售人员在假设推销成功的基础上，有意识地为客户提供两种购买方案以供选择。比如，"您是要白色的，还是黑色的？""我们约在周六，还是周日？""首付是现金，还是贷款？"这都是选择法的运用。当你这样问客户的时候，客户不是考虑买与不买，而是考虑该买哪一种。

这种方法的最大好处在于能很好地限制客户的购买范围，当客户正在犹豫是否购买时，你就应该抓住机会，用选择法促使对方作决定。

"二选一"式的问法可大大节约时间，提高效率，同时也有利于对方做出回答，直截了当，简短有力，可使销售人员在最短的时间内了解客户。二选一式的问题模板如下图所示。

第 7 章

引导客户成功签单，促使马上付款

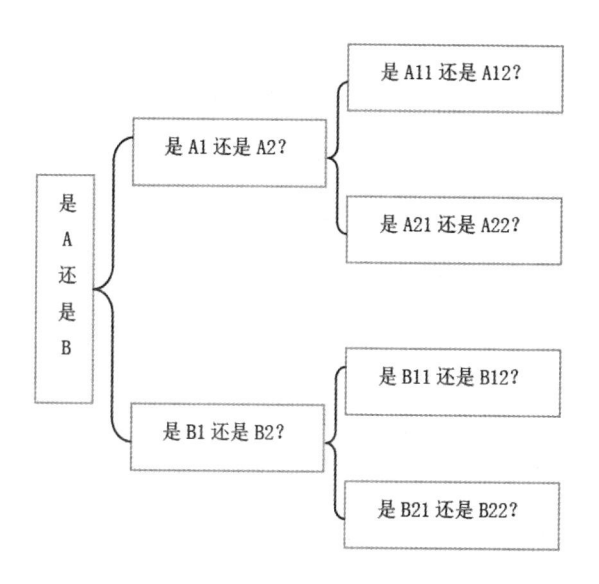

```
                    ┌── 是 A1 还是 A2? ──┬── 是 A11 还是 A12?
                    │                    └── 是 A21 还是 A22?
   是 A 还是 B ──────┤
                    │                    ┌── 是 B11 还是 B12?
                    └── 是 B1 还是 B2? ──┴── 是 B21 还是 B22?
```

以上是"二选一"问题示意图，就是让客户在限定的二者间做出一个选择。那些有经验的销售人员非常善于利用这个定律来促使消费者购买自己的产品。而且屡试不爽。他们往往会问客户："是给您包一件还是包两件呢？两件刚好是一个月的用量。"被这样询问的时候，绝大多数客户都会脱口而出："那就两件吧。"

千万不要直接问"对方需不需要""买不买"，这时，你会得到两个答案：需要或不需要；买或不买。如果你直接问，"你需要 A 还是 B？""你买 A 还是买 B"，一般情况下，对方只能选其一，要么 A 要么 B，这无疑给客户一个选择的机会。

选择成交法的优点，把主动权掌握在了自己手中，让客户在预先设定好的范围内进行选择，充分地调动客户的参与积极性。可能有人会提出，让客户手握选择权，岂不更容易失去谈判的主动权？其实不然，因为我们所设定的选择范围都是针对促成购买结果的，其无论怎样选择都有利于最终的成交。所以这样做不但不会失去主动权，反而可以减轻客户的心理压力，制造良好的成交气氛。

好方法是成交的捷径，二选一法的巧妙之处在于通过思维定式，促使客户尽快下购买决定。但由于这些选择是建立在客户会购买的基础上的，因此也存在一定的风险性。二选一法则有适当的使用时间，不要动不动就使用二选一法则，这就需要销售人员使用时注意以下事项：

①需要全方位了解客户，对客户需求要了如指掌，做到心中有数；

②抓住客户的购买特征和信号，确定客户有足够的购买意向；

③向客户提出选择方案时，紧紧围绕最终的成交目的；

④选项不宜过多，一般为两项，最多不要超过三项；

⑤选项的答案有利于客户做出正面回答；

⑥在客户选择时，在一旁要当好参谋，协助客户做出决策。

"二选一"成交法通过限定客户的选择范围，以快速、有效地达到成交目的。在销售过程中，谁都希望客户能够跟随着你的心意做出选择，但如果你将自己的意愿直接强加给客户，势必会引起客户的反感，反而让事情朝你不希望的方向发展。因此，不妨用询问客户意向的形式让客户"二选一"，并在选择项目的顺序上花些心思．即将希望客户选择的那个项目放在后面，让客户自主地选择合你心意的那一项。

7.5 踢猫效应：避免因心情不好与客户发生争吵

心理学知识索引

心理学上有一个著名的"踢猫效应"，是指人的不满情绪、糟糕心情会传递，并按照等级、强弱组成的社会关系，呈金字塔形依次传递，从塔尖一直扩散到最底层，而最底层、最弱小的则成为最终的受害者。根据这一心理学效应研究发现，人的情绪会受到周围环境以及其他偶然因素的影响，当一个人的情绪变坏时，潜意识就会驱使这种不满选择下属或无法还击的弱者发泄。

踢猫效应反映的是坏情绪相互传染的一种现象。在日常生活中，每个人都不可避免地会有不满情绪和糟糕心情。但是很少人知道这种不良情绪和心情会随着社会关系传递给他人，而且这种传递是由地位高的传向地位低的，由强者传向弱者。无处发泄的最弱小的便成了最终的牺牲品，比如，上司与下属、父母与孩子、阶层高的人与阶层较低的人，后者非常容易成为前者的出气筒。

第7章

引导客户成功签单，促使马上付款

案例

一大早，某公司老总因和老婆吵架，负气上班，到办公室里后余怒仍未完全消除。恰好有位业务主管要汇报工作，老总极不耐烦地说："这点事都解决不了，我要你们干吗？"结果，这位主管碰了一鼻子灰，悻悻地回到了自己的办公室。这时，主管手下的一位办公室主任有事要向他请示，主管也极不耐烦地说："这种事情还来找我解决？你们自己怎么不多动动脑子？自己想辙去！"

类似这种现象时有发生，这就是心理学上的"踢猫效应"。由于工作压力越来越大，很多销售人员的情绪也非常不稳定，一点不如意就会使自己烦恼、愤怒起来，在推销中，这种坏情绪很容易传递给客户。如果不能及时调整这种消极因素带给自己的负面影响，就会形成一条清晰的愤怒传递链条，使客户身不由已地加入到"踢猫"的队伍当中——被别人"踢"和去"踢"别人。相反，如果能以积极、饱满的情绪去与客户交流，营造一个融洽的恰谈气氛，无形中就会促使客户处于一种兴奋的状态。

优秀的销售人员无论处于什么情况，都能控制自己的坏情绪，并善于转化，用自己的激情去感染对方。

案例

王林是一家公司的销售员，每到月末绩效考评时，都是他情绪最坏的时刻，因为他在公司的业绩一直都不好，经常受到领导的批评。

又是一个月末，刚刚遭到领导批评的他，应约去一家商场谈生意，这家商场经理是他的老客户。

他到了客户办公室，客户特别高兴，一边热情地招呼他坐下，一边兴致勃勃地说："告诉你，我们在西区的商场大楼下周就要开张营业了！"

对此，王林却不以为然，只是点了一下头，面无表情地说："嗯。"显然，他还没从之前的低落情绪中走出来。

客户见他一副不高兴的样子，显得有些错愕，顿时失去了谈话的兴致，陷入了沉默。

金牌销售赢得客户心理的八大关键

这时，王林却直接问客户："您看，下个月准备要多少货？"

客户看了看王林后没有说话。

王林见客户没说话，接着又问："您看下个月的订货要……"不想客户突然变了脸，略带怒气地说，"下个月不订了！"

王林又问："为什么？那以后呢？"

客户抢过话说："以后你不用来了！"

王林忽地站起来，双眼怒视客户："你不让我来了，我还不稀罕呢！别以为你们有点钱，我就会天天围着你们转，你别指望以后我会来了！"说完，摔门而去。

此事没过多久，王林就被公司解雇了。

上面的案例中，这位销售人员因为不能及时地控自己的情绪，错失了一次成交的最佳机会。客户心情本来很愉悦，却因王林的坏情绪也变得糟糕起来，所以拒绝下个月继续合作。假如他能够及时地调整自己，在客户开心时感受到客户的快乐，真诚地向客户道一声贺，可能就是另外一种结果。

控制情绪是一个销售人员必备的素质之一，很多销售人员会把情绪带到工作中去，尤其是在遭到客户的拒绝之后，难免会情绪低落，失去信心。这种坏情绪若得不到及时调整，将会直接影响到客户的心理。有的销售人员可能会认为一个人的情绪是自己的事情，其实并不是这样的。在销售关系中，客户通常处于被动地位，是弱势的一方，销售人员是主动的一方，按照踢猫效应，销售人员的不良情绪很容易传递给客户，做推销必须学会控制自己的情绪，即使心中有再多的不愉快，在与客户沟通交流的时候也必须控制起来。

作为一个销售人员，如果带着情绪去工作，永远做不好销售。销售没有什么秘诀，要想获得更好的业绩，首先就必须要控制情绪，保持激情。用自己的积极情绪去影响客户，营造谈话气氛，建立起客户对自己信任。

然而，控制坏情绪却不是容易的事情，不是喊口号、拍胸膛就能做到的。而是要建立在理性基础之上，怀有一种对客户的责任感和使命感。那么，如何来控制自己的情绪保持活力四射呢？需要做到以下几点。

第7章

引导客户成功签单，促使马上付款

1. 冷静对待客户的抱怨

在与客户交流过程中，大部分客户都会先向你诉苦，表达自己内心的不满或抱怨，其中不乏对是对产品或服务的不满和责难。客户之所以有这样的态度，肯定是自己的期望没有得到满足，这时作为销售人员一定要保持冷静，正确对待客户的抱怨，耐心地听完客户的话。因为，这其中既有客户的种种不满和抱怨，同时也包括客户对产品的一种期待和期望，更是希望产品能进一步完善。从长远来讲，这对于提高产品质量，提升营销服务有益。因此，当客户抱怨时销售人员必须理解客户的抱怨，并善于对抱怨进行分析，以避免类似的情况再次发生，重新树立企业、产品在客户心中的良好形象。

2. 避免与客户发生正面冲突

在日常生活中，有时会遇到一些凶神恶煞、蛮不讲理的人，他们凡事喜欢与人争论，希望在气势上压倒对方。对于这样的人，确实应该以牙还牙、以眼还眼对待。但在销售这样的场景中，对方是客户，我们是提供产品或服务的人，遇到这种情况却不能那样做。因为这样很容易客户发生正面冲突，结果就是赢了情绪，输了人，甚至是两者皆输。口才大师卡耐基发现，在激烈的正面冲突后，十有八九各人还是会坚持自己的观点，相信自己是绝对正确的，因此，争辩没有赢家。

3. 以规劝的口吻安抚客户的情绪

要想说话有激情，必须掌握一定的谈话技巧，比如在语速、音调，语气方面要协调，有意识地运用能激发情绪的字眼，比如信心、诚实、希望、乐观、勇气、进取、慷慨、容忍、机智、诚恳等。在谈话时，有意识地运用这些，再加上抑扬顿挫的语音语速，很容易激发客户的正面情绪。

第 8 章

培养客户忠诚度，让客户变粉丝

以前我们都讲"客户"，而现在很多人都开始讲"粉丝"，因为现在是"粉丝经济"时代。谁拥有大量粉丝，就意味着掌握了最核心的客户资源。因为粉丝不是单纯意义上的客户，它是指忠诚度极高、有着稳定消费能力的客户，他们十分忠于企业、品牌和产品，对与其有关的一切都有着特殊感情。

第8章

培养客户忠诚度，让客户变粉丝

8.1 情感效应：有了感情，客户变粉丝

> **心理学知识索引**
>
> 人是情感动物，在日常行为中总会或多或少地倾注某种情感。心理学家认为，良好、积极的情感可提升人的生存质量，改善人与人之间的关系；同时，如果压抑自己的情感，或者不会正确处理情感问题，也容易走向反面。

人的情感表现在个人需求、个性性格、沟通方式、思想意识等多个方面，当人与人之间建立起良好的情感时，双方很快就会彼此信任，而忽视或者明确压制情感，对抗就必然会发生。销售人员要让客户转化为粉丝，必须重视情感，正确发挥情感的作用，与客户建立长期、稳固的关系。

那么，如何最大限度地发挥情感的作用呢？我们先来看一则经典案例。这是美国贝尔公司曾经做的一则电视广告，虽然并非面对面直接推销，但其思路还是相当好的，值得借鉴。

案例

美国贝尔公司以生产电话机闻名于世，在电话风靡整个美国时，它做的一则电视广告引发了人们使用电话的热情。

画面是这样的：

一个傍晚时分，一对老夫妇正在家中进餐，这时，电话铃声突然响起，老太太接电话。而回到餐桌上，一副十分不悦的表情。

老先生问："是谁的电话？"

老太太回答："女儿打来的。"

老先生惊奇地问："有什么事吗？"

老太太说："没有。"

老先生又问："没事？没事就用不着隔着几十里专门打一个电话。"说完摇

金牌销售赢得客户心理的八大关键

摇头。

老太太开始呜咽地哭起来："她说她爱我们。"

与此同时，两位老人情绪开始失控，既有因女儿问候带来的激动，又有些无奈，相对无言。

这时，贝尔公司的广告词出现了："用电话传递你的爱吧！"

贝尔公司这则广告的巧妙之处在于：向消费者传递了一种别样的全家人团聚的场景，用亲情激发了消费者对团聚的向往。相信看到这个广告的人，尤其是在外奔波、无法团聚的人都会考虑买部电话，因为这是亲情的隔空传递。

尽管这是一则经过艺术化处理的广告，但也可从中看出情感因素对人心理的触动作用有多大。亲情，人情感世界中非常重要的一部分，也是最柔弱的一种情感，一直占我们情感世界的首位，血脉相连，人人无法割舍掉。这则广告就是抓住这一点，把客户对家人的爱、挂念之情充分地调动起来，当情感战胜了理智，客户就容易对产品产生认同和认可。作为销售人员，在推销中如果也能像广告中的那样，始终能抓住客户的情感这一诉求点，就能瞬间抓住客户的内心最软弱的那一部分，促使客户自觉地产生购买的欲望。

原一平被称为日本的"推销之神"，他成功的一个最重要秘诀就是与客户做朋友。与客户做朋友是一种非常好的情感培养方式，与其推销产品不如先做朋友，销售人员不能只从产品本身出发，还要顾及客户的心理。最好的办法就是与客户成为朋友，因为任何人都不会拒绝朋友的好意。

从心理学上讲也是这样，每个人都比较容易接受也容易相信自己所喜欢的人提出的意见或建议。相反，对自己所怀疑、不信任，或者讨厌的人则有一种排斥心理。在销售中，客户更容易接受那些平时与自己来往较多、关系密切的销售人员，自然对他们所提供的产品或相关服务也有更多的信任。

因此，销售人员要想成功推销，必须先学会与客户做朋友，与客户建立起一种亲密的关系。要知道，成功的销售人员都具有非凡的亲和力，换句话说，他们懂得如何去做客户的朋友，如何让客户喜欢他们、接受他们，他们在很短的时间内就能取得客户的信赖。

第8章
培养客户忠诚度，让客户变粉丝

反观很多销售人员，却总是埋怨客户对他们不理不睬，冷淡无情。其实，认真反思一下，是自己做得不到位，很多问题都出在自己身上，并且不是产品本身的问题，而是你对客户的价值观审视不透，从而在判断上出现了偏差。很多时候，客户在乎的不是你的产品有多么出众，而是你的态度是否认真。

与客户沟通是建立在积极情感的基础之上，一个陌生客户对销售人员，以及对一个产品的认识都需要一个过程。当客户对你以及产品有所了解时才会逐步接受，所以，销售人员在交谈时需要从情感入手，多打"情感牌"。

1. 利用情感纽带接近客户

尽管推销产品是销售人员的第一目标，但是在与新客户交流的时候千万不可直接谈论产品。因为大多数陌生客户对推销员的推销都有一种本能的拒绝。要想让客户进一步接受你，首先要借助情感因素，让客户感受到来自你的关心。

> 销售人员："您好，是田先生吧，我是××保险公司的秦凯，昨晚我与您的朋友××在一起吃饭。他跟我提到了您，我希望有机会跟您见个面，认识认识。"

> 销售人员："您好，是刘小姐吗？我是××美容中心的小丽，您的朋友××介绍认识你的，冒昧打电话您不介意吧？"

2. 把客户当成朋友

与客户先做朋友，再谈推销，是赢得客户最具有功效的秘诀。见面时初次与客户接触，很多人本来持不信任你的态度，绝不可摆出做生意的姿态。在推销过程中，与客户"做朋友"是接近新客户的一种重要的方法。如果你言语中表现得十分诚恳，努力地感化客户，尽量试着与他们做朋友，从关怀出发，让客户感觉到你的真诚，客户才会最终放下心理戒备，真正地接受你。

> 销售人员："田先生，也许您不知道，我很喜欢交朋友，并不是卖保险的人所交的朋友都是买保险的客户。"

> 销售人员："刘小姐，你不买我的产品没关系，既然有缘认识就是朋友，这是我的名片，有什么需求可以随时叫我。"

3. 与客户建立长期关系

可以说，推销行为建立在长期情感沟通的基础之上。因为，一个陌生客户对销售人员以及对一个产品的认识都需要一个过程。当对方对你的一切都有所了解的时候，就会很快地喜欢、接受、依赖你。因为那样会让他们觉得很放心。一个推销员是否能很快地同客户建立起很好的情感基础，将会直接关系他长期的业绩。

销售人员："这样吧，我保证不谈保险可以吧。你的朋友觉得我们两人应该认识，他说我们一定会谈得很投机。"

销售人员："我们这次见面只是为了吃个饭，交个朋友，如果你觉得我这个人值得交，你以后也可以介绍给你的朋友认识。"

4. 摈弃功利思想，真心与客户做朋友

很多销售人员与客户打交道总是抱着极强的功利心，把利益看作是衡量交往与否的唯一标准。也就是说，你买我的产品我就对你好，不买我的产品马上又是另一种态度。怀着这样的心态去与客户交往，势必被短期的思维方式所累，以及在此思维方式下产生的行为举动都会令客户不舒服。与客户交朋友就要站在对方角度思考问题，采取行动，要真诚、要发自内心去帮助对方。

交朋友不一定就买产品，但要想把产品卖出去就必须先交朋友，交朋友是做成销售的前提。

8.2 习惯效应：培养用户良好的消费习惯

心理学知识索引

人说话做事，往往都会不由自主地遵循自己的习惯，无论是好习惯还是坏习惯，都是如此。习惯的力量非常大，不经意间会影响人的言行举止。从心理学上看，习惯具有目的性、计划性、连贯性、潜移默化地影响着一个人的行为。

第8章
培养客户忠诚度，让客户变粉丝

有个动物学家做了一个实验：他将一群跳蚤放入实验用的大量杯里，上面盖上一片透明的玻璃。跳蚤生性爱跳，于是很多跳蚤都撞到盖上的玻璃，不断发出叮叮咚咚的声音。过了一阵子，动物学家将玻璃片拿开，发现竟然所有跳蚤依然在跳，只是都已经将跳的高度保持在接近玻璃即止，以避免撞到头。结果竟然没有一只跳蚤能跳出来——依它们的能力不是跳不出来，只是它们已经适应了环境。

人天生就有一种心理倾向，即爱重复做已经成习惯的行为，某个行为一旦成为习惯，与之相关的行为就会无意中向其靠拢。消费行为也是如此，有人对长期离家在外打拼的年轻人进行过一项消费行为调查研究，结果表明，他们虽然离家多年，仍愿意购买过去在家中曾经用过的一些产品，这些产品一半是自己父母用过的品牌，特别是日常用品（如香皂、牙膏、纸巾等）比较突出。

年轻人不会自己过细地研究产品的特征，所以他们只是简单地根据习惯来选择。他们之所以如此，是因为这样不必费心思。因此，销售人员在推销时可以利用客户已有的，或有意识地培养一些习惯，使客户对产品产生新的依赖。因为习惯一旦形成，即使客户没有需要也乐于购买。

那么，如何培养消费者的消费习惯呢？可能有的人认为，这是一项长期且艰巨的任务，短期内无法完成。其实不然，从心理学上看，一个新习惯的养成非常容易。

1. 三个月坚持做一件事情

根据国外的心理学研究结果发现，习惯的形成是有规律的，三个月便可形成一个较稳固的习惯，具体如下图所示。同一个动作，重复三天就会形成一个习惯雏形；三周以上习惯开始稳固，三个月就会形成稳固的习惯，很难轻易改变。

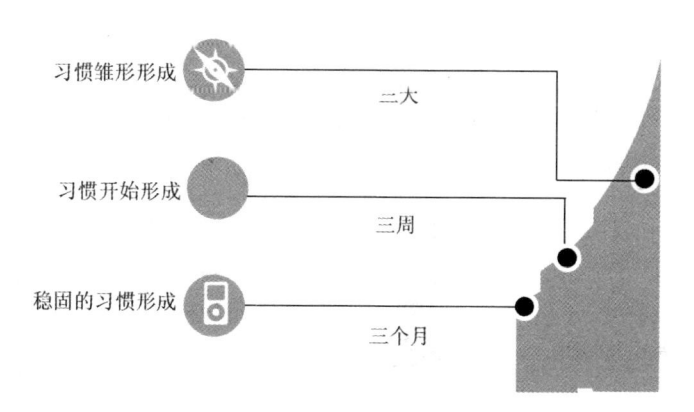

2. 制定 21 天计划

根据我国成功学专家易发久研究，习惯的形成大致分为三个阶段：第一阶段：1~7 天。此阶段表现为"刻意，不自然"，需要十分刻意地提醒自己。第二阶段：7~21 天。此阶段表现为"刻意，自然"，但还需要意识控制。第三阶段：21~90 天，此阶段表现为"不经意，自然"，无须意识控制。

这也就是我们常说的 21 天效应。在行为心理学中，人们把一个人的新习惯或理念的形成并得以巩固至少需要 21 天。这种现象称为 21 天效应。也就是说，一个人的动作或想法，如果重复 21 天就会变成一个习惯性的动作或想法。

3. 充分利用客户已经形成的良好习惯

已形成的习惯改变起来很难，那么，我们可以转变一下思路。如果客户已经有良好的消费习惯，我们可充分利用起来，想办法将商品与客户过去的习惯联系起来，找出与客户习惯相联结的点。

比如，客户如果为了满足自己在××方面的需要购物，那么客户也将喜欢在××购物。和你的客户说："我知道您一直非常看重××产品，现在我们的产品会使您达到一个新高度。"

过去已形成的习惯可以有力地促使客户再次试用久已忘怀的产品。提及熟悉的时代和面孔，能够强烈地引起客户的注意："美好往昔"或"与你母亲过去使用的产品一样的，不过它已经过改进，更适应你的生活需要。"

8.3 反馈效应：积极回访，提升客户满意度

心理学知识索引

一系列心理实验表明，反馈比不反馈好得多，积极的反馈比消极的反馈好得多，主动反馈比被动接受反馈效果好得多。因此，平时我们要对别人的行为、活动给予及时的反馈，不仅有助于他人更好地完成工作，也有助于自己获取更多的信息。

第 8 章

培养客户忠诚度，让客户变粉丝

有反馈才能加深了解，有了解才能发现问题，发现问题才能有改进的动力，反馈对于发现问题、解决问题有着重要的促进作用。心理学家赫洛克曾做过一个实验：他把被试者分成四个组，第一组、第二组、第三组、第四组分别为激励组、受训组、被忽视组和控制组，如下图所示。

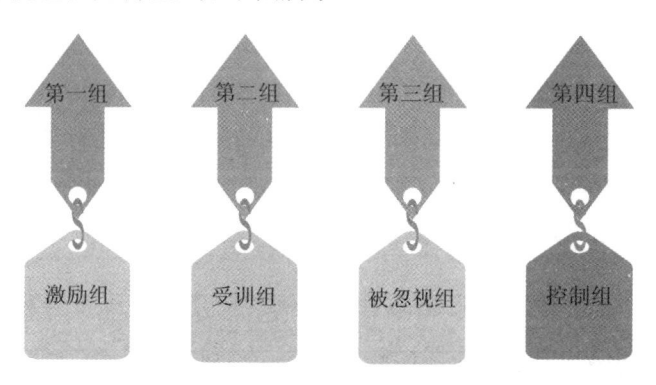

实验成绩依次递减，且第一、第二组成绩明显好于第三、四组

实验具体内容为：每次完成任务之后，第一组实验者会收到一定的鼓励和表扬。第二组则要接受严厉的批评和训斥。第三组不给予任何评价，只让其静静地听其他两组受表扬和挨批评。第四组不仅不给予任何评价，而且还要它与其他三组隔离开。

多次试验后，成绩结果显示，第一组＞第二组＞第三组＞第四组，且第一组和第二组的成绩与第三组、第四组差距较大，第四组最差，第二组有所波动。

另外，还有C.C.罗西、K.L.亨利以及布朗等心理学家都做过类似的实验，所有结果都表明，有反馈比没反馈好，正面反馈比负面反馈好，积极反馈比消极反馈好，主动反馈比被动反馈好。

这个效应也可运用到客户服务中，产品卖出去之后并不意味着销售工作的结束，还有一个重要环节就是做好反馈工作，定期或不定期回访客户。回访是反馈工作的一个非常重要形式，它就像车轮的"轴"，在整个销售过程中起着承前启后的作用，既是对上一阶段工作的总结，也是接下来工作的开始。

回访，是对客户的购买产品的一种问候，更多的是一种信息反馈方式，尤其是当客户对产品使用不满时，他们提出的意见、建议将是我们进行产品改进最

金牌销售赢得客户心理的八大关键

有力的方案。

案例

回访员:"您好!我是男士内衣××品牌的客服,我叫×××。请问您是某某先生吗?"

客户:"你怎么知道我电话的?"

回访员:"您是我们公司的尊贵客户,我们十分重视您的讯息,要为您提供售后服务。"

客户:"有什么售后服务啊?"

回访员:"是这样,如果您在××的品牌门店或者专柜购买产品后有任何问题,我们会根据问题提供不同的解决方案。比如导购服务、产品质量、促销活动等系列问题反馈。这就便于我们提高我们品牌的服务水平,让我们尊贵的客户享受更优质的服务。请问您现在觉得产品怎么样?有没有需要我们帮您解决的问题?"

客户:"你们产品质量和价格不符啊,和平时穿的内衣没两样。"

回访员:"感谢您反馈的问题,我们××品牌所有的产品品质都是行业上等品的质量,面料都是顶级优质面料,远远超过它的价格。对于您说的穿着和平常的内衣没两样,说明您还是十分注重内衣舒适度的,那您平时穿的内衣也是高档的。我们产品的主要优点在于面料和款式。请问您是不是尺码一直不合适,才造成舒适度没体现出来。能不能告诉我您穿多大码的内衣/内裤,您身高多少,腰围、胸围多少?"

客户:"我一直都穿 L 号的,这不可能出错的。"

回访员:"是的,您说的是对的。只是现在因为各品牌内衣尺寸不一,尺寸多少有些误差的。请问平时内衣穿着有什么不舒适的吗?"

客户:"也就那样,没什么舒适不舒适的。"

回访员:"那看来您还是对内衣舒适度要求比较高的客户。感谢您提出的建议,我们将会提高内衣的舒适度,希望您一如既往地支持我们。请问在购买我们

第 8 章
培养客户忠诚度,让客户变粉丝

产品服务过程中有什么需要解决的问题?"

客户:"没有,就这样吧。"

回访员:"好的,十分感谢您配合我的回访工作,祝您生活愉快。"

对老客户的回访是销售工作的延续,必不可少,尤其是刚买过产品的客户要及时回访,销售人员本人,或者委托专门的回访员,哪怕只是一个小小电话也会让给对方带去惊喜,大大提升满意度。一个人销售人员付出的努力固然重要,但如何能最大限度地取得老客户的理解、信任和支持更重要,如果你得不到老客户的帮助,营销之路一定很难走远。

那么,销售人员该如何做好对老客户的回访工作呢?这就需要掌握必要的技巧,既不能过于频繁,也不能时隔太久。

1. 把握回访机会

对客户的跟踪服务并不是时不时地去打扰客户,如果这样真变成对客户的骚扰了。跟踪服务必须遵循一定的规律,根据规律来把握时机。

科学证明,人的记忆储能呈一条曲线,在这条记忆的曲线上每隔一段就会有一个极限点,一过这个极限点,人的记忆就会下降。要想加强人的记忆,就必须隔一段时间来刺激这个极限点。

由此可见,回访并不是越频繁越好,而是要遵循一定的规律,只有在合适的时机回访客户才能取得最佳效果。

2. 回访时机与规律

只要有了第一次回访,紧接着就会有第二次、第三次、第四次,甚至更多次。那么,如何来把握每次回访之间的间隔呢?这就需要销售人员了解一下人的记忆规律,或者说遗忘规律。人的记忆或遗忘是有规律的,大体呈曲线状,又叫艾宾浩斯遗忘曲线,具体如下图所示。

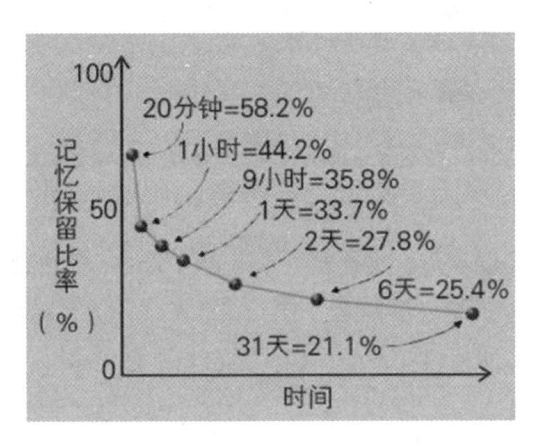

金牌销售赢得客户心理的八大关键

```
记忆保留比率(%)
100 ┤
    │ 20分钟=58.2%
    │    1小时=44.2%
 50 ┤       9小时=35.8%
    │        1天=33.7%
    │         2天=27.8%
    │           6天=25.4%
    │      31天=21.1%
  0 └─────────────────── 时间
```

由上图可以得出时间间隔与记忆量的关系，具体如下表所列。

时间间隔	记忆量
20分钟以内	100%
20分钟后	58.2%
1小时后	44.2%
8-9小时后	35.8%
1天后	33.7%
2天后	27.8%
6天后	25.4%

这个规律是由德国心理学家艾宾浩斯研究发现的，是对人的大脑对新事物遗忘的循序渐进过程的直观描述，人们可以从遗忘曲线中掌握遗忘规律并加以利用，从而提升记忆能力。该曲线对人类记忆认知研究产生了重大影响。

随着回访客户次数的增多，客户对你的印象也会跟着不断上升，但是在隔一段时间之后客户对你的好感就会逐步下降。如果再次回访就又会慢慢地回升。所以，售后必须多次跟踪服务，并遵循一定的规律。

根据人的人记忆规律，我总结出了这样的规律，对客户的回访最好控制在四次左右，每次之间的间隔可适当延长，具体如下图所示。

第 8 章
培养客户忠诚度，让客户变粉丝

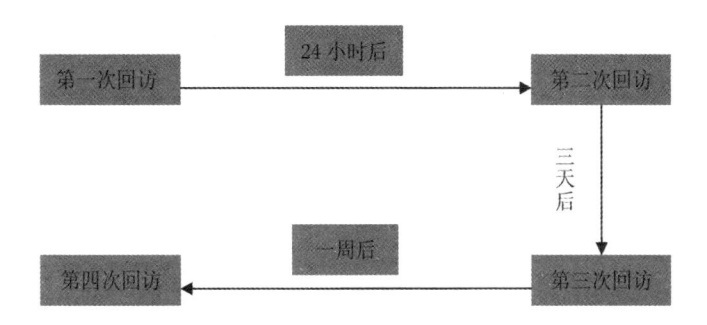

```
第一次回访  --24小时后-->  第二次回访
                              |
                            三天后
                              ↓
第四次回访  <--一周后--  第三次回访
```

在第一次回访之后，要在 24 小时之内重新回访，因为 24 小时后是人记忆下降最快的时候。一过 24 小时，你第一次回访客户给他留下的印象基本上就浪费了。

接下来，应该在三天后第三次跟踪回访，三天后又是记忆上的一个极限点，不同的是这次与前一次相比，时间持续要长得多。当对方提起你时，会对你某一点印象比较深刻。比如"哦，你是某某公司的小冰吧，我记得你上次传来的资料还在这……"

接下来是一周后，又是一个重要的回访时间点。这时，客户对你的印象遗忘率已经达到了 70% 以上，再次回访就可以让客户保持对你深刻的记忆，上升到 50% 以上，以保证在有需要的时候会想起你。

通常情况下，只用四次回访，一周的时间，完全可以给客户留下良好的印象。总之，只要知道了这条规律，就可以用最少的回访次数来达到最佳的拜访效果。

8.4 换位思考定律：站在客户角度解决问题

心理学知识索引

换位思考是指站在对方的立场上理解对方的想法、感受，从对方的立场来看事情，以对方的心境来思考问题。通过换位思考设身处地地理解别人，能够给对方带来很大的好感，对方也会感到自己被尊重，从而愿意与你交流和沟通。这种现象称为"换位思考定律"。

金牌销售赢得客户心理的八大关键

客户在完成产品的购买后，很多时候还会有后顾之忧。比如，担心产品的质量是否有保证，性能、功效是否达到预期，后期使用过程中会不会遇到麻烦等。而且是购买数额越大，这种担忧之心越严重，因此，客户常常会表现得很"啰唆"，希望你能给出更多的保证和承诺。

作为销售人员，这时千万不可说拒绝的话，或表现出厌烦情绪，而是要换位思考，站在客户的角度去想问题，说服对方，消除其忧虑。

其实，这种忧虑很容易消除的，很多时候安慰性的话足矣。因为这种忧虑完全是一种"杞人忧天"式的，甚至毫无理由，大都是出于一种"怕失去"的心理。从心理学上看，人在得到某一东西后，反而会怕失去。这时，只要给予充分的理解，往往可以很好地化解，而最好的方法就是换位思考，站在客户的角度，感同身受。

案例

小月是某化妆品公司一位导购员，有一次，小月见一位三十多岁的女士在几种产品前仔细观察并反复比较，便走了过去。

小月："大姐，您希望选择哪个品牌的？"

客户："嗯……"客户欲言又止，没有说话，只是将产品放在手上反复端详。

小月："这款是我们店卖得最好的一款产品，质量好，价格还便宜，性价比最高。"

客户："谁不说自己的好啊，王婆卖瓜，自卖自夸呗！"客户说这话时有些冷冷的，不过仍在端详着产品，两个手指头还不时地轻轻一捏。

小月："您说的非常对，现在残次品太多，鱼目混珠，难以辨识。前几天我们家刚买了一套沙发，买的时候店老板说'这沙发是最好的，比同款的都便宜'，当我买回家时，没过几天就发现有吱吱的声音，才发现沙发的木料十分次，有的地方已经开始走形。"

听了小月的经历，客户语气缓和了很多："是啊，反正现在买的东西真让人不放心。"

客户沉吟了片刻，说"我觉得你这人还比较实在，也不会唬我的，你再给我详细介绍一下这个牌子吧。"

就这样，小月与客户聊了起来，从配方、功能到使用方法，都详细介绍了一遍。客户听完之后表现出满意的神情，当即决定够买，并承诺以后就在她这买了，甚至要推荐好友过来。

上述案例中的销售人员小月正是充分利用了换位思考定律，通过讲述自己的购买经历打消了客户的担忧。更重要的是，这番话将自己拉到与客户同一心理定位上，让客户感觉到真切。

其实，化解客户对产品的质疑和忧虑就是这么简单，心平气和地说一番能引发共同感受的话，努力去感受对方当时的心理状态，这样就会让所谓的质疑和忧虑大大减轻。切记不要表现得高高在上，一味地否定、斥责客户，更不要用语言中伤对方。

1. 角色互换，把自己定位为一个客户

任何人都是消费者，任何人都有购买的经历，在推销过程中销售人员把自己当成是客户，站在客户的角度把当时的心理感受表述出来，很容易与客户当时的心理产生共鸣。这样，客户与你就有了感同身受的情绪，可以拉近与你的心理距离，一旦与客户的心贴近了，产品自然就能轻松卖出去，这样才是销售的最佳方式。

2. 分析客户产生疑虑的深层原因

客户对产品的怀疑，很多时候，不是销售人员的解说水平问题，更不是产品的质量问题。所以，如果销售人员坚信自己的产品的话，就应该把精力放在挖掘客户深层心理原因上。只要你把客户的心埋困扰解除了，推销也就变得顺理成章。

3. 主动帮助客户消除疑虑，争取最大主动权

从客户角度出发，不仅包括帮助客户分析问题，解决问题，还包括主动为客户消除疑虑。因为，与客户相比，销售人员对产品的了解更专业，更全面，客户很多无法看明白的地方，销售人员要主动为其指点；当客户提出不恰当，或者价值非最大化的意见时，销售人员有责任、有义务去给他们最好的建议。千万不

要害怕暴露很多问题，害怕客户拒绝而隐藏很多问题，否则反而会害了自己。主动帮助客户解决问题，才能确保客户利益、自身利益最大化。

从客户的角度来看，销售人员换位思考，关键在于"主动"二字，主动提出问题，主动解决问题，只有主动了，客户才会进一步信赖你。另外，当无法解决客户的问题时，一定要好言相劝，先稳定客户情绪，然后另找机会去解决，总之要想尽一切办法消除客户的后顾之忧。

8.5 正外部效应：利用售后服务强化客户忠诚

心理学知识索引

外部效应是经济学上的一个效应，通常指某个经济主体活动所产生的影响（好处或坏处）不体现在自身，而是其他非经济主体。外部效应包括两个部分，正外部效应和负外部效应，由于负外部效应带来的是负面影响，因此我们这里只讨论正外部效应的影响。

唯物论告诉我们，任何事物都有两面性：正面和负面，且永远是处于支配地位的那一方决定着该事物的性质，这也是为什么事有好事坏事之分，人有好人与坏人之别。而这种规律在心理学上则不成立，根据正外部效应的观点，处于被支配地位的那一方，在特定情况下也可以超越处于支配地位的那一方发挥更大作用。对此，有个假设足以说明。

案例

假如你爱好种花，就在自家后院开辟了一个小花园，种些花，满足下自己的兴趣爱好。可没想到，这些花发挥了比满足你自身兴趣更大的作用，并带来了一笔丰厚的额外收入。原来，花园里的花香不但改善了周边环境，而且五颜六色，令路人赏心悦目，纷纷前来参观。随着参观人数的增多，花园里花的数量、品种显得太少了，于是扩大种植面积，引进更多的花进来，这样一来又吸引了更多的人前来付费采风、拍照。

第8章
培养客户忠诚度，让客户变粉丝

这个假设就很好解释了正外部效应。所谓正外部效应，就是处于被支配地位的部分反而超过了处于支配地位那部分所发挥的作用，从而使整体利益更好。

在培养客户的忠诚度上，理论上产品品质或质量本身处于支配地位，售后服务处于被支配地位，发挥主体作用的应是前者。事实上，恰恰相反，很多时候往往是售后服务在发挥作用。目前，一些知名企业、大型企业为了强化客户对产品的忠诚度，往往会以配以完善的、周到的售后服务。完善、周到的售后服务是强化客户忠诚度的主要力量，对一些特殊的产品，往往比产品本身更具有吸引力。现在很少有客户单纯地追求产品的质量，没有良好售后的服务的产品，再高质量的产品他们也不会轻易购买。

因此，销售人员在推销的时候，要善于打出"售后服务"牌，利用公司良好的售后服务来争取客户对产品更大的认可，用良好的服务体验留住客户，与客户建立起稳固的买卖关系。

售后服务好与坏已经成为客户购买产品的一个重要标准，因此，在强化客户忠诚度上，尽管产品本身和售后服务两者的地位不同，但作用不可小觑。对于销售人员来讲，谁利用好这一点，谁就能得到更多订单。

案例

小波是一位汽车销售人员，一天，他向客户介绍一新款汽车，尽管使尽浑身招数，与客户交流了大半天，对方仍在犹豫。

客户说："毕竟一辆车几十万，价格不菲，而且在使用过程中又容易损坏，后期服务必须有十分明确的标准。"

从客户的话中小波推测，该客户已经认可了这辆车本身，只是在售后服务上还有些犹豫。想到这，他决定向其详细解释一下相关服务，并拿出了相关资料。

小波："先生，售后服务这点您放心，从买车之日起，我们就会为每个车主提供全面的服务，并严格实施，这是我们的售后服务保证书，我们来具体看下。"

在看的同时，小波又向该客户具体做了介绍："我们公司的售后中心遍布全国大中城市，足以保证您随时享受到以上服务。"

金牌销售赢得客户心理的八大关键

经过小波的一番解释，客户心头的疑虑终于消除了，当场交了定金，签了购买合同。

现在，很多企业都为自己的产品制定非常完善的售后服务，售后服务是与产品相配套的一种服务举措，是产品不可分割的一部分，可以保证产品的正常使用，同时也满足客户的一些特殊心理需求。因此，销售人员要充分认识到这一点，利用这一点来促进销售，留住客户。

那么，销售人员如何为客户提供良好的售后服务呢？

首先要纠正一个错误的认识，有很多销售人员认为，售后服务是服务部门的职责，自己并不应该承担任何与之有关的工作。其实并非如此，售后部门只是售后服务的执行者，但不意味着销售人员可以完全脱离于客户服务之外。从工作本身来讲，销售是一个连续的、封闭的周期性活动，产品推销和售后服务并没有严格的划分界限。

假如，客户从你这购买一个空调，后续还有很多售后服务的事情，如安装、调试以及其他服务，你难道可以一股脑全部推给售后部门或人员，自己不顾不问吗？要知道，你才是与客户直接对接的人，产品有任何问题，客户首先想到的是你，而不是其他人。你要想有始有终地服务好客户，就必须继续做完美售后的事情。从这个角度看，售前工作和售后工作没有严格的分界线。

所以，有人说，真正的销售开始于售后。成交并非是推销活动的结束，而是下次推销活动的开始，在成交之后，推销人员要向客户提供服务，以努力维持和吸引之。

另外，售后服务是产品销售中重要的一部分，良好的服务可以打动客户，辅助客户做出购买决定。因此，销售人员在推销产品过程中就要适时地把与产品有关的售后服务传递给客户。尤其是产品品质保证和后期使用方面的服务，一定要体现出来，这是客户购买产品时非常关注的一点。

第 8 章
培养客户忠诚度，让客户变粉丝

8.6 沸腾效应：多做一点，用额外服务锁住客户

心理学知识索引

心理学中，人们把关键因素所引起的本质变化的现象称为沸腾效应。犹如烧水烧到 99 ℃时还不能算开水，若再添一把火变成100 ℃，两者前后尽管只差1℃，但价值则差很多，100℃的水是真正意义上的煮沸的水，发生了质的改变，并能产生大量水蒸气以供它用。这里的1 ℃就是关键因素，这1℃能使水发生根本性的变化。

水从1℃烧到99℃仍是水，而到100℃就会变成大量的水蒸气，尽管仅1℃之差，但性质则完全不同了。这种现象在物理上叫蒸发原理，在心理学上则被称为"沸腾效应"。这种效应在日常生活中也有很多，因局部的一点变化就可能会引发全部的重大改变。

销售人员在与客户交往过程中，不妨也运用下这种心理效应，利用局部变化来影响全部，从而达到改变整体的效果。

案例

某商场一名家电导购，每每在推销成功之后，都会让客户填一张表格：《贵宾满意统计表》。这个表格并不是公司要求做的，而是他自己设计的，内容为："在阁下选购了我的产品这一刻，请容许我打扰您一分钟时间，为了更好地为您提供国际品质的产品及服务，根据我品牌全球服务的标准，请协助我们填写一份贵宾满意统计表。"

刚开始，他的行为被看作是"多此一举"。没想到一段时间后就有了效果，在所有导购里他的业绩最为突出。

这个看似多此一举的做法为什么有如此大的作用？原来，他的这种做法令客户感到非常新奇，不但不觉麻烦，反而十分愿意配合，而且80%以上的客户愿意说出自己的意见或建议。他对客户所填写的资料都会认真处理，并及时跟踪反

金牌销售赢得客户心理的八大关键

馈。假如某客户对产品有意见或建议，他就会积极地去解决，直到客户满意为止；假如客户对产品满意就会表达感谢，希望下次光临。

久而久之，客户对他的这项服务大加赞赏，更喜欢到他那里去消费。

上述案例中的这位导购人员无非是多做了一点点，就获得了其他人无法企及的成就。为什么？其实，这不仅仅是一张表格的事，而是通过这个行为无意中强化了客户对销售人员、对产品以及对整个企业的好感和信任。大多数人认为提供公司规定之外的服务是"多此一举"，但正是这个"多此一举"感动了客户。

"多此一举"其实就是多做一点，为客户提供额外服务，这在销售工作中是非常必要的。不要轻视这个小小举动，它就像99℃水中那最后一度，起着最关键的作用。多做一点，也许是一句暖心的话，一个善意的眼神，一个微小的动作等细节，但足以改变整个大局。这些小细节对客户起着一种强调作用，加深了客户对产品的认识，对企业的印象。

需要注意的是，多做一点，为客户提供额外服务，绝对不是让你说多余的话，做多余的动作。这种事情做起来绝非容易的事情，有很多销售人员由于把握不准，反而无法达到预期效果。那么，销售人员该如何恰到好处地多做一点，为客户提供额外服务呢？这就需要其行为要符合三个标准，具体如下图所示。

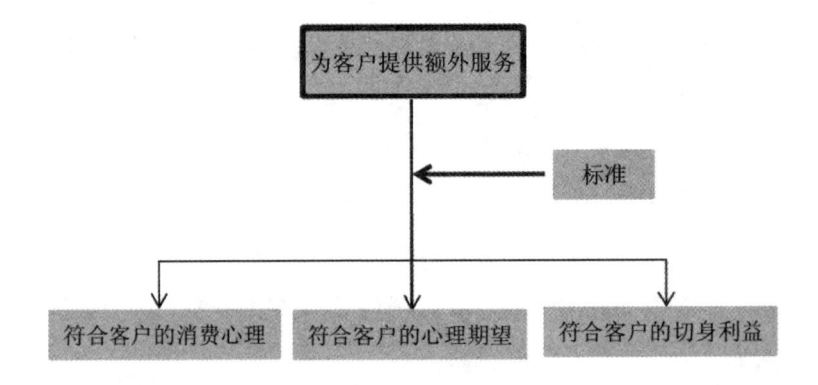

```
              为客户提供额外服务
                    ↑
                    ←——————— 标准
        ┌───────────┼───────────┐
   符合客户的消费心理  符合客户的心理期望  符合客户的切身利益
```

1. 符合客户的消费心理

提供额外服务，一定要符合客户的心理需求，尤其是潜在需求。例如，你推销一款美容养颜产品，那么可为客户提供哪些额外服务呢？这就要紧紧抓住客户最关心的问题，比如根据皮肤问题提供相应的保养服务，倘若对方是干性皮肤，可提供些保湿方面的保养；倘若是油性皮肤，可提供些去油方面的保养。总之，你所提供的服务一定要是客户最需要的。

2. 符合客户的心理期望

很多客户认为自己没有需求，实际上是现状与目标之间存在差距，而你推销的产品或服务不能充分弥补这个差距。如果客户认为一个产品或一项服务不能满足自己需求，往往会直接拒绝。所以，销售人员提供额外服务时，应该把精力放在缩小这个差距上，迎合客户的期望值，从而实现预期的目标。

3. 符合客户的实际利益

利益的驱动对任何人来讲都是非常有效的，客户需求都是因利益而产生的。销售人员如果能让客户感受到额外服务所能带来的利益，必然会激发某种购买欲望。所以要想让客户认可你的额外服务，首先需要挖掘客户需求，关注客户利益，将服务与需求、利益结合在一起，通过实际利益来刺激客户的需求。

完善的服务是提升客户忠诚度的重要前提，只有服务提升了，产品附加值、产品体验性才能上一个档次。而所谓附加值、体验性正是个性化消费时代客户所看重的，尤其是随着技术工艺、制作水平差距越来越小，产品与产品之间几乎再也没有实际的差异，服务和体验成为唯一可差别化的方面。因此，对于销售人员来讲，在给客户推销产品时要尽可能地为客户多提供些额外服务，确保产品在客户心中留下一个个性鲜明的印象。